人類的發展，老天早就參一腳？從大禹治水到拿破崙潰敗，那些被忽略的氣象力量

天氣
MASTERS OF THE CLIMATE
主導權

🔥 老天爺翻臉，歷史就改寫

張祥斌 編著

歷史不只看人怎麼做，也要看老天怎麼下手

◎沒有氣候壓力，人類可能還住在非洲沒出走？
◎一場東風逆轉戰局，赤壁輸贏其實天氣早決定？
◎神話裡的大洪水，背後藏著科學說得通的氣候劇變？

當氣候變遷遇上人類選擇
歷史便開始有了不同走向……

目錄

前言　　　　　　　　　　　　　　　　　　　　　　　　　005

走出非洲 —— 氣候線索與祖先的足跡　　　　　　　　　007

史前大洪水 —— 藏在神話中的真實氣候事件　　　　　　015

從「豫」字說起 —— 華夏曾現非洲原野風貌　　　　　　037

帝王家的寵物 —— 熊貓曾經並不罕見　　　　　　　　　063

「東風」能借來嗎 —— 赤壁之戰的真相　　　　　　　　071

黃河改道「沖」出的好漢故事 —— 滄桑梁山泊　　　　　079

氣候也是反海盜利器 —— 維京人消失之謎　　　　　　　109

日本人的「神風」 —— 戰爭神話背後的氣候事實　　　　123

狂暴的海洋與帝國霸權 —— 「無敵艦隊」的覆滅　　　　135

目錄

火山與革命 —— 拉基爆發與法國動盪　　　　　　　147

風蕭蕭兮海水寒 —— 特拉法爾加海戰實錄　　　　155

嚴寒下的征伐 —— 拿破崙東征的氣候悲劇　　　　167

滑鐵盧的雨 ——「陽傘效應」惹的禍？　　　　　173

購買「荒涼」的阿拉斯加 —— 史上最划算的買賣　187

英吉利海峽的「天兵」—— 空戰中的氣象變數　　197

風雪莫斯科 —— 希特勒重演拿破崙悲劇　　　　　205

冰封生命線 —— 西北風拯救列寧格勒　　　　　　213

巧用天時 —— 珍珠港偷襲的氣象助力　　　　　　223

瘋狂的「飛象」—— 異想天開的氣球炸彈　　　　229

呼風喚雨的「魔法」—— 神奇的氣象武器　　　　247

北極航道上的賽局 —— 暖化帶來的新戰場　　　　267

前言

自從人類在地球上的活動開始後，整個地球的面貌在人類勞動過程中逐步被改造。由於人類活動的逐年增多，地球氣候變化的證據也越來越豐富。因此，人們對歷史時代氣候的了解遠比地質時代清楚得多。而歷史時代氣候的變化，又直接與當代氣候、未來氣候有著密切的連結，深入了解和研究歷史，就更有現實意義。縱觀歷史，人類的活動影響著氣候，而氣候變化帶來的影響，也波及每個國家和個人。在人類發展的許多時刻，氣候常常施展威力，成為影響歷史走向的無形之手。

天氣是氣候的重要構成要素。人們在講述某個歷史事件時，經常說到「天時」、「地利」、「人和」，其中的「天時」多半指的是天氣因素。天氣與我們的生活息息相關，比如我們在旅遊之前會先查詢目的地的天氣狀況，看看交通和遊玩計畫是否會受到惡劣天氣的影響，諸如此類的例子很多。但是你肯定想像不到，天氣居然能影響甚至改變歷史，極端的天氣卻有可能會改變一場戰爭的趨勢或摧毀一種文明。大自然之母並不偏袒誰，正如我們所知，如果沒有她的介入，這個世界會變得十分不一樣。無論是氣候還是天氣，其變化是具有一定規律性的，歷史是會重演的。我們今天所發生的許多

前言

天災人禍的事情，只要回顧歷史，我們都可以看見歷史在今天的重演。

儘管在生產力相對落後的時代，是氣候在創造歷史，但在科技、人口大爆炸的今天，人類已然成為新的歷史創造者。近年來，人類肆意揮霍自然資源、破壞生態環境對氣候的影響已初露端倪。人類對氣候系統的影響不斷加劇，如果任其發展，氣候變化將對人類社會和生態系統造成不可逆轉的影響。2015 年 12 月 12 日，聯合國氣候變化大會在巴黎通過全球氣候變化新協定，即具有劃時代意義的《巴黎協定》，全球應對氣候變化的處理方式由此邁出重要一步。協定將為 2020 年後全球應對氣候變化行動作出安排。根據協定，各方將以「自主貢獻」的方式參與全球應對氣候變化行動。先進國家將繼續帶頭減少溫室氣體排放，並加強對開發中國家的資金、技術和能力建設支持，幫助後者減緩和適應氣候變化。

人類的歷史要靠自己來創造，真正的問題不是氣候或天氣，而是人類選擇走哪條道路。當人類能真正擺脫天氣、氣候的影響力時，就是真正掌握自己命運之時。

走出非洲
―― 氣候線索與祖先的足跡

走出非洲—氣候線索與祖先的足跡

　　2005 年初，網路上出現一則引起關注的新聞，指出北京猿人並非現代中國人的直接祖先。根據中國與美國學者的合作研究，現代中國人的祖先約於六萬年前自非洲遷入亞洲。研究團隊針對具有代表性的東亞族群進行遺傳背景分析，追蹤其父系起源與遷徙路徑。結果顯示，約 80% 的東亞男性，其 Y 染色體單倍型可追溯至目前僅存在於非洲族群中的祖先類型。樣本涵蓋範圍包括中國北方的漢族、藏族、回族、蒙古族、朝鮮族、日本人，以及南方的漢族、土家族、瑤族、壯族、侗族，並延伸至臺灣原住民族與柬埔寨、泰國、馬來西亞、爪哇等地區的族群。研究結果表明，東亞男性的 Y 染色體單倍型均衍生於目前僅在非洲群體中存在的祖先單倍型。這個研究結果完全證明了東亞人非洲起源假說。根據推算，這些早期人群大約在 6 萬年前抵達亞洲，初期可能定居於東南亞與今日中國南部一帶，之後逐漸北遷，穿越長江、黃河，最終擴展至西伯利亞地區。

　　這條新聞之所以引人注目，甚至還可以說是令人震驚，是因為它在某種程度上顛覆了很多人的常識。1930 年代，北京猿人的發現曾經轟動世界，後來其頭蓋骨化石在戰亂中遺失。很多人並不理解北京猿人頭蓋骨化石究竟有多麼重要的科學價值，很多科學家解釋說，這塊化石包含著祖先的資訊。然而，現代科學不僅顛覆了這個認知，還說出了一個無情的事實：很多被發現的古人類，他們都在與亞洲人真正祖

先的競爭中敗北，最後都滅絕了。關於亞洲人種進化的研究課題持續了很多年，科學家經由對超過 6,000 個樣本的驗證，發現這些樣本中的粒線體 DNA 都追溯到了非洲。當代的亞洲人都有一個很近的非洲祖先。

人從哪裡來？這是人類對自我認知過程中的一個永恆追問。它不僅是哲學家追問的問題，古生物學家、考古學家也在力圖透過化石等手段尋找答案。自從達爾文的進化論問世以來，人類的起源和遷徙一直是科學研究中的一個熱門話題。1980 年代後期，加州大學柏克萊分校以艾倫・威爾遜（Alan Wilson）教授為首的研究小組，透過對世界各地族群的粒線體 DNA 多型性研究，提出了「走出非洲」的假說。該假說認為，現在生活在世界各地的人種（現代人）均起源於非洲，是單一起源的，擁有相當晚近的共同祖先，他們生活在距今約 20 萬年以前。在 10 萬年前左右，人類的祖先開始從非洲遷出，逐漸擴散到世界各地，完全替代了當地早期的直立人。此假說否定了以前由古人類學家提出並廣為接受的「多區起源」假說，即世界上的主要人種均是從當地的直立人經過上百萬年漫長的獨立演化而形成的。

我們不禁要問了，是什麼原因使人類的祖先走出非洲，遍布了如此廣闊的地球？曾經生活在各地的其他古人類為什麼會在競爭中失敗，最後滅絕？答案竟然都一樣：氣候。氣候變化是影響人類數百萬年進化歷程的重要因素之一。科學

走出非洲—氣候線索與祖先的足跡

家發現，溼潤和乾燥環境交替出現，迫使人類的一部分祖先進化出現代人的特徵，也讓其他古人類走向滅絕。

早在達爾文時代，就有了將氣候變化和物種進化連結在一起的理論。達爾文的基本假設是，大範圍的氣候變化會嚴重影響該地區的食物供給、居住條件和其他可用資源。當某種賴以生存的食物消失，或是漫長的旱季取代了原本的雨季時，會使物種面臨巨大的生存壓力，迫使牠們要麼適應環境，要麼就此滅絕，或進化成其他物種。環境是由氣候決定的，它更青睞那些擁有優良性狀和相應基因的物種——比如大腦比較大的傢伙。隨著時間推移，這些生物的生存機率將大於其他生物，所以牠們的基因會逐漸取得主導地位。

非洲氣候的兩次巨大變化，與人類進化道路上的兩個關鍵時期恰好吻合。這兩個關鍵時期的間隔大約為100萬年，都是人類譜系的重大改變。第一次劇變發生於290萬至240萬年前。人類著名的遠親「露西」是一具發現於東非的古人類化石標本，生活於約320萬年以前，並被歸類人族。「露西」和她的族人在此期間滅絕，而另外兩個截然不同的族群卻在此時誕生。其中一支擁有某些類似於現代人的特徵，比如容量較大的大腦。這些「聰明」腦袋的擁有者，正是我們「人屬」的最早祖先，在其化石附近，科學家們發現了第一批石器工具。與「人屬」祖先同時誕生的另一個族群，則擁有全然不同的外貌特徵：他們身材壯實、下巴寬厚，不過最後走向

了滅絕——他們被統稱為「傍人屬」。

第二次劇變發生於190萬至160萬年前。大腦體積更大、食用更多肉類的「直立人」在此期間粉墨登場。他們擁有更高、更柔韌的骨架，幾乎與現代人別無二致。他們也是第一個走出非洲，在東南亞和歐洲繁衍生息的古人類族群。他們的石器製造技術也有了顯著提升——第一把經過仔細打製的雙刃大型石斧，就出現在這一時期。

為何這些人類進化史上最重要的關鍵事件，會集中發生在這兩個時期？現在有不少科學家認為，原因或許可以歸結為兩次氣候變化。在這兩次生態劇變之前，非洲氣候都曾經歷漫長的漸變，將人類誕生的搖籃逐漸變成了乾燥、植被稀疏的草原。在大環境緩慢變化的同時，氣候也在雨季和旱季之間迅速搖擺；為了生存繁衍，我們的祖先必須適應快速變化的自然環境。

大約6萬多年前，由於氣候變化導致食物短缺，生活在東非，大概在今天的衣索比亞一帶的部分早期人類開始向北遷移。大約5萬年前，他們到達了中東地區，在這裡，他們分道揚鑣：一支繼續往北往西遷徙，成為歐洲人的祖先；另一支向東走，成為亞洲人種的祖先。很長一段時間裡，這兩支互不交流，各自演化。穿越中東後，東亞人的祖先經過南亞次大陸，來到東南亞半島。在這裡，東亞人種開始孕育，並且陸續北上進入東亞內地。其中部分人朝北方遷移，大約

在 3 萬年前，有一批人類抵達廣西，還有一支早期人類在緬甸停留了上萬年之後，在兩萬多年前從雲南進入了中國。從這個「入口處」（雲南和廣西）開始，這群人又在遷移過程中分化發展成了各個民族。。

東亞大陸相比穿越內陸的沙漠、高山、峽谷等複雜多變環境，海岸有著較為平緩的地形和穩定的食物來源，應該更適合族群遷移擴散。多名學者透過分析比較南亞、東亞以及大洋洲人種的粒線體 DNA 資料，發現三個地區人種的主要母系遺傳組分，均分別直接來自「走出非洲」的現代人祖先族群。這提示南亞、東亞以及大洋洲人種的祖先在「走出非洲」後主要沿亞洲南部海岸線遷移擴散。當到達南亞後，一部分祖先人種未做長期停留就繼續前往東亞以及大洋洲。

當時在非洲之外的地方，比如亞洲，還分布著獨立發展出來的直立人。按照科學界 2010 年年底發表的研究結果，亞洲的人種也可能與正在征服世界的智人有過血緣接觸，很少部分現代人有可能留有亞洲的人種的遺傳資訊。目前發現的最晚的直立人距今大約有 4 萬年，這之後，作為一個整體，直立人同樣也消失得無影無蹤。為什麼北京人、元謀人等古人類，他們的基因沒有傳遞下去呢？有些研究認為，冰期的惡劣氣候條件可能是導致古人類滅絕的重要原因。科學家推測，生活於東亞的直立人和早期智人在最近一次的冰川時期，由於惡劣的氣候而絕滅。取而代之的是從非洲不遠萬里

遷徙而來的現代人種。「非洲移民」可能首先定居在氣候較為溫暖的東南亞地區，而後隨著冰川的逐漸消融，開始向北擴張。地質學的研究顯示，第四紀最後一次冰川於大約7.5萬年開始融化，逐漸向北退縮，於1.5萬年左右全部消融。

儘管科學家們言之鑿鑿，但很多人還是疑問重重，比如一個顯而易見的問題，經常被問起：人類祖先都來自非洲，請問當時他們膚色是黑的嗎？如果我們的祖先都是非洲黑人，為何現在的人類卻有黃種人、白種人？回答這個問題的關鍵字，還是「氣候」。繼續向北的那支早期人類，由於受到的陽光照射量持續減少，皮膚不需要太多的「防護劑」——黑色素的保護，非但如此，還需要攝取足夠的紫外線以促進鈣質吸收，因此演化成了白色人種。而我們的祖先受到的陽光照射仍然較強，皮膚裡的黑色素並未大量減少，最終演化成了黃種人。通俗地說，他們都基因突變「掉色」了，不同的是「掉色」的程度不同。當然，遷移過程中，兩支人種發生了更多的基因突變，導致身體特徵出現了更多的差異，比如歐洲人是藍眼睛，而黃種人的眼睛是黑色的。另外，我們的祖先與現在的非洲黑人也不是一回事。

「走出非洲」理論也受到過很多著名科學家的質疑，比如澳洲國立大學人類學家阿蘭・索恩（Alan Thorne），他認為現代人類並非像古人類學界所普遍認為的那樣直接起源於共同的非洲祖先，而是有可能由不同地區的古人類分別演化而

來。索恩等提出的名為「地區連續性」的現代人類起源新理論認為，起源於非洲的直立人在過去150萬年間不斷地遷徙到非洲以外的其他地區並形成不同分支，這些分支經過混血繁衍，在10萬到15萬年前分別在非洲、歐洲、東亞和西亞等地進化為現代人類。

多數科學家還是接受人類祖先源於非洲的觀點的，但對人類第一次走出非洲之後的發展過程卻持有不同意見。美國科學家最近提出了一種人類進化的新觀點，認為人類曾經三次走出非洲。美國華盛頓大學的科學家艾倫・坦波爾頓在英國《自然》(Nature)雜誌上報告說，他研究了世界不同地區居民的DNA序列，將體染色體、性染色體和粒線體上的10個區域的資訊相結合，比較多個基因的差別，研究其變異過程。他的結論是，直立人因氣候變化離開非洲之後，在40萬至80萬年前又有一次大規模非洲移民浪潮，第三次則發生在約10萬年前。他還發現此後存在某種從亞洲回歸非洲的趨向。總之，「走出非洲」理論也是一個見仁見智的問題。

但無論哪種觀點，都離不開一個中心議題 —— 氣候。人類是在透過氣候變化的線索，來尋找自己的祖先。氣候不僅可以改變地球，更為重要的是，它還改變了地球人。

史前大洪水
──藏在神話中的真實氣候事件

史前大洪水──藏在神話中的真實氣候事件

世界上許許多多的民族和形形色色的宗教都流傳著一個情節相同的傳說,在人類的歷史上曾經經歷了一場空前的「大洪水」,這場洪水過後,人們創造的文明被洗滌一空,現在的文明是在洪水之後重新開始的。提起這個話題,東方人首先想到的是「大禹治水」,西方人首先想到的是「諾亞方舟」。其實,這類傳說遠不止這兩個,據專家統計,全世界已知的洪水神話和傳說有500多則,全世界254個主要民族、84種語言區域裡,都發現洪水記載,比如:

洪水滔天。……鯀竊帝之息壤以湮洪水。

──《山海經・海內經》

湯湯洪水方割,蕩蕩懷山襄陵,浩浩滔天。

──《尚書・堯典》

洪泉極深,何以填之?地方九則,何以墳之?

──《楚辭・天問》

「當堯之時,天下猶未平,洪水橫流,氾濫於天下。」「當堯之時,水逆行,氾濫於中國。蛇龍居之,民無所定,下者為巢,上者為營穴。」

──《孟子・滕文公》

往古之時,四極廢,九州裂,天不兼覆,地不周載,火炎而不滅,水浩洋而不息,猛獸食顓民,鷙鳥攫老弱。於是

女媧煉五色石以補蒼天，斷鰲足以立四極，殺黑龍以濟冀州，積蘆灰以止淫水。

── 《淮南子・覽冥篇》

當諾亞六百歲，二月十七日那一天，大淵的泉都裂開了，天上的窗戶也敞開了，四十晝夜降大雨在地上。

── 《聖經・舊約・創世紀》

眾神之王宙斯為了懲罰巨人普羅米修斯盜竊天火並為人類帶來火種的罪行，發動了一場大洪水，「從地峽到伯羅奔尼撒半島，極目所見盡是一片汪洋」。

── 《希臘神話》

由於人類的種種罪行，爭吵、毆鬥、犯罪、製造仇恨、殺害生靈、到處惹是生非、欺壓善良，月神索神決定把她當初創造的一切全部消滅。於是，一場大洪水降臨世上，把地球轉變成一個大水坑，讓大地恢復太初時期的原始面貌。

── 古埃及《亡靈書》

現代人往往一聽到「神話」與「傳說」就跟「迷信」兩個字聯想在一起了。然而如果願意換個角度思考問題，也許會有更深的了解。為什麼古人能說出這麼精彩而題材一致的神話故事？而且全世界都有類似的記載？在文明尚未萌芽的年代，人類非常落後，不僅沒有今天的電話、電腦網路，即使村落之間的往來都得靠人力往返，何況是跨洲的通訊？那麼

史前大洪水—藏在神話中的真實氣候事件

散居世界各地的人為什麼會有如此類似的神話與傳說呢？

關於大洪水的發生，不但能在神話傳說中找到大量的證據，而且可以在古文字中找到有力的佐證。在現代漢語中，「昔」字的解釋為「以前，從前」。「昔」字的甲骨文，三條曲線代表水，水在日上，可見大洪水已浩浩滔天，古人以此來表示：從前曾經有過大洪水氾濫的日子，大家不要忘記了。

從這樣遍布全球的記載，也許我們可以說：上古時代人類確實經過毀滅性的洪水災難，因為如此相同的回憶不可能是隨意發明的神話。而傳說之外，這些所謂的神話還保留了些什麼真實呢？這些悲壯的神話似乎在講述古代發生過的一場全球性的、幾乎毀滅全人類的大災難。考古學家陸續發現了許多那次大洪水的直接和間接證據，也從各個角度證明了8,000年到14,000年之前間確實發生過這場「史前災難」。這場洪水後開始的文明一直延續到現在，成為了世界各國真正意義上歷史的開始。看來即使在古代人的觀念中，氣候的變化一直與文明的發展息息相關。

在這裡，我們不必對古今中外的這類神話傳說一一贅述，需要告訴大家的是，現在我們讀到的關於大洪水的神話，都是出自這樣一個全世界認可的模板：

首先，逃脫大洪水的人都受到了神的啟示。在東方的神話裡，伏羲兄妹是受到了雷公的示警以後，才乘葫蘆逃生

的;《聖經》中的諾亞是得到了上帝的警告,才造了一艘大船;印度神話中,主神毗濕奴以摩蹉魚的化身,向人類發出洪水即將來臨的警告;在緬甸的《編年史》中,一位穿黑色衣服的僧人,向人們發出近期有災變的警告;秘魯印第安人也是由於大神巴里卡卡的提示,才倖免於種族滅絕;巴比倫的敘事詩中,也有神對人類發出警告的記載;在太平洋諸島中,也存在著很多這樣的傳說,即出現了一位不知從哪裡來的使者,向人們發出了災難即將降臨的警告。

其次,逃脫大洪水的人無一例外都是坐船一類的東西,而且人們探知大洪水退去的方式也很相似。《聖經》中的諾亞,為了知道洪水是否結束,經常從方舟向外放鴿子,他一共放飛了三次,當鴿子嘴裡銜回了橄欖枝,說明洪水已經退去;比《聖經》更古老的蘇美洪水傳說中,同樣用方舟逃得性命,為了探知大洪水是否退去,他也向船外放飛鳥;在印尼群島、中美洲、北美洲的印第安人中間所流傳的大洪水傳說中,主角也採取了與《聖經》中的諾亞或蘇美傳說中的主角完全相同的行動,逃脫了洪水,到洪水退下去時,鳥銜著樹枝回來了。

第三,關於大洪水的結果——少數人倖免於難的記載也完全相同,而且絕大多數是一男一女。《聖經》中是諾亞和他的妻子,墨西哥是娜塔夫婦,維爾斯傳說中是丟埃伊溫和埃伊巍奇,希臘是德卡里奧恩夫婦,愛爾蘭敘事詩中是費

尼和希絲爾,加拿大印第安族的是埃特希,印度神話裡是瑪努,加里曼丹是特勞烏,巴斯克人的神話中是祖先夫婦,東方是伏羲兄妹等等。

第四,關於大洪水的水位描述,全世界也有共同性,絕大多數民族的神話傳說中都說大洪水淹沒了高山。

第五,關於大洪水持續的時間,全世界也有極大的相似性,這場毀滅人類的大洪水持續的時間並不長,大約在120天左右。

從以上的記載來看,記述大洪水的地區幾乎遍及世界各大洲,涉及到了許多民族,甚至是全部的民族。面對如此廣泛,如此相似的記載,你敢說世界關於大洪水的傳說都是杜撰出來的嗎?

我們肯定人類曾經有過一次大洪水的記載,並非僅僅依據上述的神話和特定地區的傳說,在氣象學方面,我們同樣能夠得到許多證據。

從「4.2 千年事件」講起

大約距今 4,200 年前,即西元前 2200 年,發生了一次全新世氣候變冷事件,古氣候學稱之為「4.2 千年事件」。全新世是指 11,500 年前至現在,是最年輕的地質時期。此次變冷事件是全球性的,持續了整個西元前 22 世紀。

在古埃及,「4.2 千年事件」導致建造吉薩大金字塔的埃及「古王國時期」的下尼羅河洪水週期的異常,可能導致了中央政府的突然瓦解。饑荒、社會混亂、分裂持續了 40 年,隨後是在各地的重新定居、恢復秩序。古埃及重新統一在中王國政權下,在各地恢復了司法、灌溉與社會秩序。

在美索不達米亞,嚴重乾旱導致了水系水量減少了一半。底格里斯河與幼發拉底河的水來自於高海拔地區的地中海方向來的降水。阿卡德帝國,在西元前 2300 年是第二個實現大一統的文明(古埃及早在西元前 3100 年便完成了統一),被廣泛的、持續了數個世紀的乾旱帶入了低潮。考古證據記錄了北部美索不達米亞廣泛的農業平原被廢耕以及西元前 2170 年湧入南美索不達米亞的難民潮,一道 180 公里長的牆——「亞摩利人的擋板」,在中美索不達米亞建起以阻止游牧部族入侵南部。西元前 2150 年,定居在札格羅斯山脈的古提人擊敗了士氣沮喪的阿卡德軍隊,占據了阿卡德並在西

元前 2115 年摧毀了它。在西元前第 3 個千年結束之際，近東出現了廣泛的農業衰退。直到西元前 1900 年，在文明崩潰 3 個世紀以後，北部平原才出現了小型的定居點。

在阿拉伯半島，波斯灣地區出現了定居風格的突然改變，陶器與墳墓的風格都變了。西元前 22 世紀，乾旱導致了烏姆納爾時期的結束，轉變為烏狄薩奇時期。

在中國，乾旱可能導致了中部的新石器文化在西元前第 3 個千年末期的解體。同一時期，黃河中游發生了一系列特大洪水。在沂沭河盆地，繁盛的龍山文化遭到寒冷事件的打擊，稻穀短缺甚至種子都不夠用。自然資源的匱乏導致了當時人口下降以及現代的考古發掘點的減少。大約 4,000 年前，龍山文化被更為簡單、原始、粗糙的岳石文化取代。

值得一提的是，大量的研究顯示，「4.2 千年事件」作為全世界的氣候背景，是世界不同地區古代文明，如尼羅河流域的埃及、兩河流域的美索不達米亞、印度河流域的印度以及地中海地區的歐洲古代文明衰落的主要原因。在中國，「4.2 千年事件」導致了中原周圍一帶不同地區新石器文化的衰落，但卻促進了中原地區以夏朝建立為象徵的古代文明的誕生。

唯一成功的治水故事

人類在早期記載大洪水的時候，就曾悲憤地追問：這是為什麼？人類並沒有過錯，為什麼要降下如此大難毀滅人類？於是，很多民族的大洪水傳說中，變出現了治水的神靈或聖人。然而，大禹治水的傳說，是唯一成功的治水案例。根據《尚書》、《國語》、《墨子》、《孟子》、《史記‧夏本記》等大量先秦文獻的記載，堯舜禹時期發生了洪水災害，大禹由於治水的成功而獲得各部落的擁護，並被選為繼堯舜之後的虞、夏部落聯盟的首領。禹去世後，他的兒子啟廢禪讓為世襲，變公天下為家天下，建立中國第一個王朝——夏朝。

任何一次洪水事件都不可能憑空發生。現代氣象和氣候學理論，以及大量的證據表明，洪澇災害的發生與降水異常有關，而降水異常則與一定的氣候背景密切相關。基於這點，我們擬從氣候變化出發，探討堯舜禹時期洪水發生的可能性以及大禹治水的歷史真相。鑒於大禹治水與夏朝建立存在一定的因果關聯，因此，如果我們能夠證實大禹治水真實發生過，那麼也就間接地證實了夏朝的存在。

關於堯舜時的洪水，多見於先秦、秦漢時的文獻。《尚書》載堯時「湯湯洪水方割，蕩蕩懷山襄陵，浩浩滔天，下民其咨」。又引述大禹的話說：「洪水滔天，浩浩懷山襄陵，

史前大洪水─藏在神話中的真實氣候事件

下民昏墊」。《史記》也載:「當帝堯之時,鴻水滔天,浩浩懷山襄陵,下民其憂。」《孟子》說:「當堯之時,天下猶未平。洪水橫流,氾濫於天下。草木暢茂,禽獸繁殖,五穀不登。禽獸逼人,獸蹄鳥跡之道,交於中國。堯獨憂之,舉舜而敷治焉。」又說「當堯之時,水逆行,氾濫於中國,蛇龍居之。民無所定,下者為巢,上者為營窟」。可見在堯舜之時,黃河等河流洪水橫流,氾濫成災,五穀難以生長,百姓無處存身。堯時的洪水之災,至少持續有二三十年。並且波及的範圍又是相當廣泛的。受到災害最嚴重的是黃河下游,也就是華北大平原。「下民昏墊」,即是說處在下游的災民被洪水溺淹致死。洪水的氾濫,直接威脅著人們的生存和生活,因此,洪水已成為人們日夜憂慮的心腹之患,人們熱切盼望治理的,也成了堯舜政權必須解決的要事,故先後委派鯀、舜、大禹等人去率眾治水。因為治水成功,禹終於在堯舜之後成為領袖,其子啟索性建立了夏朝。也就是說,這個傳說裡面的大洪水,歷經堯舜兩代,可能歷經百年。

按照現在的夏商周年代推定工程,夏的開始定在了西元前2070年,距今將近4,100年,持續多年的大洪水差不多就是在距今4,200年的時候開始了。這個定年爭議很多,不過這裡先採用這個說法。很巧的是,按照現在的古氣候知識,大約在4,200年前,中國的氣候的確經歷了突變。

對古氣候背景的揭示,主要是透過各種自然的和人為的

古氣候紀錄檔案。人為的古氣候紀錄主要來源於歷史文獻。雖然有關史前有關於氣候變化的紀錄文獻較少,且充滿神話色彩,但撥開這些紀錄神祕的面紗,也許能夠找出有用的氣候變化資訊。自然氣候紀錄則主要包括各類沉積物,如海洋、湖泊、石筍、冰芯、泥炭沉積物等等。氣候變化在這些沉積物中留下了印記,而現代的古氣候重建的研究者,透過分析沉積物中各種能夠反映氣候變化的理化和生物指標,來恢復古氣候變化的歷史。這使得利用多種古氣候紀錄的交叉驗證,釐清堯舜禹時期的氣候變化背景成為可能。

根據先秦文獻的記載,堯舜禹時期除了降水異常的記載外,還有溫度異常方面的記載。如《墨子‧非攻上》記載:「昔者有三苗大亂,天命殛之。日妖宵出,雨血三朝,龍生於廟,犬哭乎市,夏冰,地坼及泉,五穀變化,民乃大震……」古本《竹書紀年》也有類似的記載:「三苗將亡,天雨血,夏有冰,地坼及泉,青龍生於廟,日夜出,晝日不出。」「夏有冰」和「五穀變化」的字句表明大禹征伐位於南方地區的三苗時,氣候異常,溫度下降。這些籠罩著神祕和恐怖氣氛的追述,可能是當時災害程度非常嚴重,持續時間較長,以至於在當時人的記憶中留下了恐怖的追憶。這些文獻不可避免有後世附會的成分,但從中也不難看出堯舜禹時自然災害的頻繁。

根據上述對堯舜禹年代的推定,這段氣候異常期發生在

史前大洪水──藏在神話中的真實氣候事件

龍山時代的末期，夏朝建立前夕的兩百年的期間之內。這一氣候事件被許多具有確切年代控制的高解析度古氣候文件所記錄，一些不同地區具有獨立來源的古氣候證據可以相互印證，共同揭示出在「4.2千年事件」期間發生了明顯的氣候異常事件。需要指出的是，這一氣候事件不僅局限在中國地區，在世界許多地區也被大量的古氣候紀錄所揭示，目前的大量研究已經證明這是一次全球性的氣候異常事件。該氣候事件變化的幅度較大，北大西洋區降溫幅度至 1～2℃，中國北方農牧交錯帶的溫度降幅達到 3℃。這次降溫甚至是全新世中期以來最為顯著的降溫事件，在世界許多地區甚至象徵著全新世適宜期的結束和新冰期的到來。

降溫影響的不僅僅是溫度，還有季風環流。按照現代的季風理論推測，這一次降溫可以導致東亞夏季風強度減弱，季風北界南移，導致黃河和珠江流域江水減少，而黃淮和長江流域降水增加，呈現南北旱，中間澇的格局。黃淮長江流域因為是季風導致降雨增多，雨量集中在夏季，洪水自然就成了家常便飯。這個時期黃河經過一次改道，從東流改為向北，黃河下游橫穿河北平原，在現在天津入海。改道的過程自然也會導致所涉及地區的大面積洪澇。按照這些分析，當時居住在黃河長江流域的人們，在這個時候肯定經歷了大洪水，那麼大禹治水的故事雖然真實性未必可靠，至少氣候背景是對的。

還有一種觀點認為，第四紀全新世以來即距今 1 萬年以來直至現今，全球氣候變化呈現出溫暖溼潤與寒冷乾燥交替出現，在全新世的最初 2,000 年間，全球氣候由寒冷乾燥逐漸轉為溫暖溼潤。隨後，全球氣候進入了溫暖溼潤期（距今約 8,000～3,000 年）。有學者提出，在仰韶溫暖期（全新世中期，年平均溫度比現代高 2℃～3℃），中國一些氣候帶相應地比現在稍向北偏移，如亞熱帶北界就由現在的秦嶺——淮河沿線北移到華北平原北部的京津與關中平原的北山一帶。新石器時代溫暖溼潤氣候的出現和較為長久的持續存在，為原始農業的形成與發展乃至整個社會的不斷進步提供了前所未有的歷史機遇，同時也可能造成了由於降雨增多、冰山融化等不斷帶來的各種洪水災害。

無論是哪一種觀點，都對大洪水的存在給予肯定的回答。中國史前洪水發生的時間跨度較長，與《舊約‧創世紀》中的洪水神話、希臘的洪水神話及巴比倫的洪水傳說等世界各地的洪水神話一樣，屬於人類早期共同的洪水傳說。

傳說中的大禹的治水方法，從現代的角度來看，無論是圍堵還是疏濬，都不是那個時代的人力、物力以及技術水準可以達成的。所以流傳的種種治水方法，其實在技術上幾乎沒有參考價值。更可能的情況，是這次降溫事件結束之後，氣溫回升，季風降雨恢復正常，洪水的程度自然就會大幅度減輕。可以說無論當時採用什麼樣的治水措施，結果都會是

河道穩定。大禹很可能就剛好遇到了這個好時機,並利用這個機會成為領袖人物。

然而,由於當時人類對氣候變化的知識較少,先民不可能了解氣候突變與洪澇災害之間有著這種因果關聯。相反,在史前,部落的首領往往還被賦予一種超自然能力,而首領往往利用人們的信任來鞏固他在社會中的領導地位。大禹是當時部落領袖,並且有可能帶領他們治理小範圍的洪澇災害,災害的減輕和減少有可能被認為是大禹的超自然能力,或者是他與自然界某種神靈溝通的結果,因此將功勞歸功於大禹則顯得順理成章。而後世之人在敘述先世之事時,往往總是加以誇大與修飾,在後世幾百年之久的代代傳述過程中,大禹治水被誇大成了疏通九川、開闢九州等非當時人力所及的偉業。如果剔除神話性詞語的誇示,以及後世穿鑿附會的成分,利用科學的邏輯分析,就可以從中看出歷史傳說內容所包含的真實與想像。但這種科學分析,絲毫不會影響大禹治水的偉大意義,也不會貶損大禹的偉人形象。

追溯「諾亞方舟」故事的源頭

2010年4月28日,一支由香港人和土耳其人組成的考察隊宣布,他們在土耳其東部的亞拉臘山海拔超過4,000公尺處發現了諾亞方舟遺跡,並成功進入巨型木結構的方舟內,探索隊員還在方舟內發現了陶器、繩索以及類似種子的物質。這一發現引起了土耳其政府官員的高度重視。在土耳其政府的支持下,他們計劃向聯合國教科文組織提出申請,以保護遺跡不會受到考古挖掘工作的損害。

多年來,人類為尋找諾亞方舟進行不懈的努力。西元1883年,一次地震使亞拉臘山脈的一處地段開裂,露出了一艘大木船的部分船體。當時地震災情考察和評估組織曾目睹過這艘船,船身預估有12～15公尺高,由於船大部分嵌在冰川裡,無法測量它的長度。1916年,俄國飛行員羅斯克維斯基飛越亞拉臘山時,曾發現山頂有一巨大木船。1949年,土耳其飛行員曾在飛機上拍下了據說是方舟的照片,並據此推測其長度為150公尺。1955年,法國探險家那巴拉曾在亞拉臘山頂找到一塊木頭,經鑑定,這塊木頭確屬《聖經》中提到的歌斐木,並且是5,000～6,000年前的古物。這塊木頭後來曾在德國、法國、埃及和西班牙展出。2002年8月30日,具備目前最高解析度的商業衛星「捷鳥」拍攝的照片,證實土耳其亞拉臘山頂上真的有一個巨大的船形物體。這次的

考察隊，提供了諾亞方舟最完整的資料。不管它是否為諾亞方舟，總之是大洪水把它擱淺在那裡的，人們已難再設法否認這項事實。而就其停船的高度來說，它只會低於當時大洪水的水平面而不會更高，所以可見當時大洪水的高度在一些群山大山之中都超過了幾公里之上。

這種情形在世界上也是較為普遍的。科學家曾經對中國境內許多不同地形上的疏散或聚集的群山，山頭密集度不同的山區，做過大量仔細的考察，都發現無處不有特大洪水爆發衝擊過的痕跡。並順著大致西高東低的這種地貌，在西南西部雲、貴、川、藏並沿向北一帶高山區、山峰密集的地方，水位線的高度大多都在一公里以上到數公里之高；在山峰稀疏的山區中，也有幾百至上公里的水位。這其中有些幾公里高的山都被淹沒過了頂部。並還有一種特點，那就是群山之中，彼此間山谷都相互連通，十分開闊，山外開口又大，即是說山區中落下的水容易流出山外的山區，一般都水位線較低。反之水位線都很高。尤其是大片山區中地勢最低的地方，那裡的積水就最深。上述這些情況都清楚地說明，當時大洪水從天而來的落勢，水量規模既大，落勢既急而又持續，以致山區中的落水不能及時流出，導致水位迅速上漲幾乎淹沒山頂。同時，這些情況也證明了亞洲地區的洪水規模與其他洲際的洪水規模幾乎是完全相同的。

在《聖經》創世紀一章中，諾亞按照上帝的旨意，建造了

一艘大船。在大洪水摧毀世界時，拯救了自己的家人與地球上的生命。據西方科學家考證，導致那場大洪水的原因，很可能是因為那段時期氣候全球溫度大幅升高，導致冰川大規模的融化，造成了一場全球性的大洪水。

地球第四紀冰河時期在1萬2千年前開始退卻時，氣候轉暖，冰河大量融化氾濫，海平面不斷上升，吞沒了原本露出的大陸棚和陸橋，並發生大規模的海水入侵，淹沒了許多海岸和部分陸地。故世界性的大洪水確實發生過，但並沒達到淹沒一切的程度。當時靠海及靠水的人們損失龐大，被迫向高地遷徙，隨之帶去了可怕的洪水故事。因此世界上大多數地方都有關於世界大洪水的傳說。許多淹沒在海水之下的文明遺跡及海水入侵的痕跡成為此說的有力論據。今天的科學家已找到證據，證實8,000多年以前北大西洋巨大冰蓋的融化造成地中海海平面上升1.4公尺。因此，黑海被水淹沒，造成人類第一批農民的遷徙，這很可能是早期農業向歐洲其他地區傳播的過程。

這是英國艾希特大學和澳洲伍倫貢大學科學家的最新研究成果。研究指出，全球大洪水與北美地區勞倫太德冰蓋的融化有關，發生在距今8,740～8,160年之間的冰蓋融化，造成了近10萬年來地球上最大規模的淡水增加。當時在近東和黑海附近地區生活著新石器時代的農業人口，這些人類最早的農民喜歡在河湖沿岸進行耕作。當時的黑海還是一個淡

水湖。勞倫太德冰蓋的融化使海平面上升了 1.4 公尺之多，足以淹沒分隔地中海和黑海的博斯普魯斯海，造成黑海海水在大約 8,200 年以前大量湧入並轉變為鹹水海域。生活在沿岸一帶的居民受影響最大，他們無法繼續耕作。研究人員指出，在洪水最嚴重的時期，有 72,700 平方公里的土地被淹，這一時期持續了大約 34 年。同樣的現象還影響到了地中海沿岸，大約 1,120 平方公里的土地被水淹沒。這一切造成了 14.5 萬人（以東歐為主）不得不向外移民，尋找更適合的耕地，他們向西遷移，他們的到來加速了當地的社會變革，大力推動了生活方式的改變。研究小組負責人英國教授克里斯·特尼指出，這一事件被代代相傳，讓人留下的印象是全世界都發生了大洪水，這也可能是諾亞方舟的故事起源。

傳說的啟示

　　由上述諸多古文記載的大洪水資訊，人們不難看出，當時大洪水已遍及到全球；並且完全證實了它在歷史上的重要地位，也充分顯示出了它在歷史上的龐大規模與強烈衝擊。

　　有關堯舜禹時期洪水問題的相關內容雖說具有傳說性質，未必全屬真實，但洪水災害的發生應該是符合史實的。這一時期中國的氣候總體來說繼續處於溫暖溼潤期，降雨相對較多，這樣的氣候狀況應是造成洪水頻發的根本原因。溫暖溼潤、降水偏多的氣候條件，以及由此引起的冰雪的融化與海水上漲、倒灌發生，加之先民聚落的選址多靠近水域等原因，造成了堯舜禹時期廣大範圍內大規模洪水災害的爆發。先秦典籍中對這一時期的洪水記載較多，可信度較高。考古證據的變化情況也說明了堯舜禹時代大洪水發生的真實存在。中國史前洪水的發生與當地氣候的變遷狀況是相互一致的。

　　史前洪水傳說亦可在一定程度上反映出中華文明起源與形成的歷史發展。恩格斯指出，「國家是文明社會的概括」，國家的形成即是文明社會的真正到來。中華文明真正形成於夏代，經歷了新石器時代以來漫長的發展。中華文明的起源與形成受到了自然環境的重大影響，特別是距今約8,000年以來溫暖溼潤的氣候條件為華夏先民的社會發展提供了前所未有的適宜環境，此時期原始農業的出現可視為華夏文明起

史前大洪水—藏在神話中的真實氣候事件

源的開始。氣候變暖之時，正是早期農業起步之時，同時也應是文獻中最早記載的洪水災害的時期。先民們有關最初洪水的神話傳說反映出華夏文明起源時期的歷史資訊。堯舜禹時期與洪水災害頻發，伴隨而來的是史前社會的跳躍式發展，華夏文明的起源過程逐漸接近尾聲，導致了夏代國家的出現，社會形態最終邁入了具有階級對立的文明社會。可以說，堯舜禹時期的洪水傳說蘊含有豐富的歷史內容，展現出華夏文明社會最後形成時期的巨大變化；以氣候變遷作為關鍵脈絡，史前洪水傳說與華夏文明起源和形成的歷史之間存在本質上的密切關聯。

英國科學家克里斯‧特尼經過多年研究，揭示出「諾亞方舟」故事源頭是冰蓋融化曾造成「全球大洪水」，他同時指出，這種情況很可能在 2050 年重演，全球氣候暖化會造成海平面的再次上升，「對生活在沿海地區的數百萬人來說，這可不是什麼好兆頭」。

人類早期，由於科學水準和生產能力低下，抵禦環境的能力較弱，受氣候因素影響很大。尤其在當時，科技還不發達的時候，環境的作用就更顯著。現在隨著社會不斷發展，人類已經能更有效地適應和改變生存環境了，氣候對人類的影響可能不會像古代那麼強。當然由於物質財富的大量累積和生態平衡的破壞，一次災難造成的損失是非常驚人的，比如美國的卡崔娜颶風。那場颶風幾乎將整座城市夷為平地，

城內設施被徹底摧毀,並造成千餘人死亡。這次颶風對美國造成的財產損失高達千億美元。試想,假如紐奧良沒有這麼多大型建築和人群集中,而是維持了較好的生態環境,損失就不會這麼大。

現在人的力量是越來越大,已經接近地質力,越來越不可小看了。人類活動對地球整體環境已經造成深遠影響,引起了氣候和生態的變遷。甚至科學界說現在地質年代已經進入了「人類紀」。當然自然力量還是占有主導性的。人類活動對環境的影響越來越大,從目前的情況來看,負面的影響似乎更多一點。如何讓人的力量與自然力量相結合,實現永續發展,是一個急待探索的問題。與自然和諧相處,應該是一個比較好的解決辦法。

傳統的「和為貴」、「天人合一」,展現了和諧的理念,所以能長期和平共處。若是「與大自然鬥爭」,結果往往遭到大自然的嚴厲懲罰。人類確實沒有必要把自然界當敵人,自然界耗費了幾十億年的時間孕育出了人類,又提供了一個賴以生存的環境,恩德無以復加。人類要是有良知,應該懂得報恩,而不是掠奪。

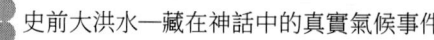
史前大洪水—藏在神話中的真實氣候事件

從「豫」字說起
── 華夏曾現非洲原野風貌

從「豫」字說起──華夏曾現非洲原野風貌

眾所周知,「豫」是河南省的簡稱,但若問起這個字是什麼意思,恐怕就鮮為人知了。相傳 4,000 年前(西元前 2000 年左右),大禹治水成功,劃定天下九州,其中河南(黃河中下游以南)一帶為豫州。「豫」是一個像形字,表示一個人牽著一頭象。說明大洪水前後,黃河中下游地區是有野象活動的。這也對人們的常識發起了挑戰,因為在很多人的印象中,大象生活在熱帶地區,生存環境和現在的河南大相逕庭。然而,大象在河南地方文化中占有重要地位,很多企業的形象徽標中都有大象的圖案,比如當地電視臺的臺標。還有的公司名稱中就有「大象」。這一切說明,河南曾經有野象,也得到了當地人的認可。

有一篇科學小品文章寫到了「黃河象」,描述了黃河象骨骼化石的樣子和特點,接著介紹科學家們對這頭黃河象的假想以及這頭黃河像是怎樣變成化石的,最後寫象化石被發現。文章的主要內容是「假想」,但這一假想是科學家們根據一定的材料和科學道理作出的辯證的、客觀的分析和結論。

然而,發現黃河象化石的地點並不在河南,而是在甘肅。科學家經過挖掘、整理和研究,根據牠的形態特徵和發現地點為牠取名為「黃河劍齒象」,因發現於黃河流域被人們俗稱為「黃河象」。其實,何止是河南、甘肅,學者認為,殷商時期,河南一帶的氣候比較溫暖,適合象群的生存。遠古時期的象群可能有著極為廣泛的分布,北到黃河流域,西到

成都平原都有象群的足跡。因為天氣炎熱，現在的中原地區都是大片的原始森林、草原，充滿熱帶風光。這裡不僅植被繁盛，而且有很多大象慢吞吞地成群結隊，悠閒地散步，呈現出一派今天非洲原野的盛景。後來，因為氣候逐漸變冷，象群不得不離開了這片土地。古人因為象群的遠去，產生了想念，這才造出了「想像」這個詞，文字學上，想像的本意就是對象的想念。殷墟的甲骨文裡面也有「象」字，是一個像形字，在商代人眼中，象的長鼻子和粗象牙是它的主要特徵，這在今天的「象」字中還能看個大概。

今天，中國只有在雲南南部才有少量大象分布。人們不禁要問了，遠古時期，大地上成群結隊的野象為什麼不見了？牠們到哪裡去了？

從「豫」字說起——華夏曾現非洲原野風貌

大象的退卻

澳洲著名歷史學家、長期研究中國經濟史、文化史和環境史的權威伊懋可（Mark Elvin）寫過一本書，叫《大象的退卻 —— 一部中國環境史》(The Retreat of the Elephants: An Environmental History of China)。該書透過對大量古籍、地方史的考據，尋覓到了大象一步步從中原土地上退卻的線索和路徑，回顧了中國古代 4,000 年的環境演化發展情況，聚焦古代農業經營、濫伐森林、興修水利等活動對環境退化造成的重大影響。

4,000 年前，大象出沒於後來成為北京的地區，以及中國的其他大部分地區。今天，野象僅存於西南部與緬甸接壤的幾個孤立的保護區。大象在中國，有一個從北往南撤退的過程，這個過程與人口遷徙的軌跡有著驚人同步性。在商代考古遺跡中，人們發現了很多象骨。商代鑄造青銅像，用於祭祀先人。這些青銅器考古表明，古代中國的東北、西北和西部地區有為數眾多的大象。古典中國的演變受周朝的影響很大，很多學說和觀念都在這個時期有所萌芽，孟子針對周公就說過這樣的話：「堯舜既沒，聖人之道衰……及紂之身，天下又大亂。周公相武王誅紂……驅虎豹犀象而遠之，天下大悅。」伊懋可在書中分析，這話雖然是孟子的「時評」，但也的確勾勒了西元前兩千年末期黃河中下游的部分實際情況。

伊懋可說，在周代時，大象就已經從河南北部，退到了淮河北岸。《詩經·魯頌》裡的：「憬彼淮夷，來獻其琛，元龜象齒……」表明，淮夷的貢品就有象牙。漢代時的《淮南子》提到，長江流域，「地宜稻，多兕象」，說的是南方不但有犀牛，還有大象。

或許是因為史料的缺乏，伊懋可在說完這些後，從漢代一下子就跳到了唐代，這時的大象只分布於東南地區，唐朝人劉恂《嶺表錄異》說潮州、惠州一帶，「……多野象……潮循人或捕得象，爭食其鼻，云『肥脆，堪作炙。』」雖然鼻子很好吃，但大象到南宋時還沒有因為味道誘人而消失，南宋洪邁的《夷堅志》裡，潮州有一群大象曾經圍困過地方長官。這時甚至在湖北黃陂還有人目擊到大象「匿林中，食民苗稼」。再往後，守衛西南的元軍曾經率領由大象組成的部隊對抗過明朝的大軍，騎在大象而不是馬背上的蒙古部隊可能是有點「混搭」。至於明末抗清過程中曾用大象抵禦滿清南下的嘗試，是中國最後一次將大象運用在軍事用途中了。然後，中國就見不到大象了，僅在雲南邊境上可見到一些蹤跡。

說到這些內容時，這本正文將近 500 頁的書才說到 20 頁，大象在書裡就再也沒有出現過了。作者話題一轉，討論起另一個沉重的問題，大象為什麼會消失？倒不是純粹因為象鼻好吃，被古代人吃光了，而是因為大象需要溫暖的森林，而人類的生活需要農田。正是千百年間古人毀林造田的

從「豫」字說起──華夏曾現非洲原野風貌

行動,把大象生活的森林改造成了田園,森林的對水分的涵養功能下降,原先散布在華北平原上的九個巨大湖泊都大部分乾涸。森林和巨大水體的消失,造成了江淮流域從商代至今的年均氣溫下降了好幾度。這才是熱愛溫暖環境的大象真正消失的原因。這也可以理解,因為這本書的主題是「中國環境史」,大象只是作為論述主題的開頭。人類固然是造成「大象的退卻」的重要原因,但面對這種巨獸,古人的能力其實是很有限的,沒辦法造成關鍵作用。造成大象退出中國北方的主要原因,還是氣候因素。

讓我們先把伊懋可書中缺失的歷史線索補充完整。其實,在古代,大象在中國的分布範圍極其廣泛。新石器時代黃河流域就有大象頻繁出沒,上古大禹役象的傳說,不是沒有根據的。河北陽原縣就發現了亞洲象的遺齒和遺骨,其時代約在夏末商初(距今約 3,000～4,000 年前),這是目前世界上已知亞洲象分布的最北紀錄,與北京處於同一緯度上。在距今 8,000～2,500 年前,人類的生產力十分低下,對自然環境影響微弱,黃河中下游地區的年均溫比現在高 2～3°C,冬季最冷月的平均氣溫比現在高 5°C 以上,華北地區大部為亞熱帶氣候,茂盛的植被和遍布的湖沼為野象的生活提供了十分有利的條件。河南安陽殷墟中也曾發現有大象的遺骨。

從現代考古資料看到,在西安市附近的半坡村(北緯 34°左右),有一個仰韶文化遺址(約距今 5,600～6,080 年前),

發現有獐、竹鼠和貉等動物的骨骼遺骸。獐、竹鼠和貉等屬於亞熱帶的動物，當地早已沒有了。在河南安陽的殷墟遺址（約西元前 1400～1100 年）中，考古人員不僅發現了獐、竹鼠等小型動物，還發現有像、貘、水牛等大型動物的遺骨。貘和象都是亞熱帶森林地區的動物。

《二十四孝》中有這麼幾句話：「舜耕於歷山，有象為之耕，有鳥為之耘。」歷山在濟陰城陽，相當今山東荷澤及東明等地。當然所謂的象耕並不是今天的這種牛耕一樣的耕地，而是和麋鹿耕地一樣，春季野生動物來到沼澤溼地覓食，牠們用腳踩牙翻把溼地弄得稀巴爛，然後古人便在這些踐踏過的地方撒下種子。商代野象在黃河下游分布很多，在商代的甲骨文書中，有許多關於象的記載，如商王就曾在沁陽附近的太行山南側一次獵獲 7 隻野象。在殷墟遺址一帶出土大量甲骨文，研究人員發現有不少關於野象的記載，如「今月其雨，隻（獲）象」，「於癸亥眚象，易日」等。眚是打獵的意思。象作為打獵的對象，顯然是野生的。

當時的人還馴養野象，有時打仗更出動象軍。《呂氏春秋》載：「商人服象，為虐於東夷。」象不僅是家畜之一，同時以象牙為原料的手工業也很發達，在樂器中有象管，在舞蹈中有象舞等，商周時代還有象簪、象珥、象笏、象觚、象環、象櫛等用象牙製成的飾物。象的分布還反映在地名上，河南的古稱「豫」為象形字，就是一人牽象，象徵著人與自然

的和諧、安寧。不但如此,以象殉葬還是商朝的一種殉葬方式,殷墟王陵區曾發現一座象坑,坑中有一豬同葬,還發現一人一象的隨葬坑。可見,遠古時代大象和中原先民的關係是十分緊密的。

大約3,000年前,西周時期(西元前1100年到西元前850年),中原一帶的氣候忽然變得寒冷了。這段時間大約持續了250年,黃河流域一帶找不到有關野象存在的資料。從西元前850年開始,中原一帶的氣候回暖,一直到秦、漢時代(西元初年),時間長達800多年。《春秋》有多處記載溫暖的氣候,如「(魯國)春正月無冰」、「春二月無冰」、「春無冰」等。在這個時期的文獻中發現有大象的記載,不過,野象群已經不在黃河流域,遷移到秦嶺以南,淮河下游地區(北緯33°)了。《詩經·魯頌》有一篇「泮水」的詩云:憬彼淮夷,來獻其琛,元龜象齒,大賂南金。有人認為「元龜象齒」是「淮夷」(今淮河下游地區)民族向魯國君獻出的寶物。《國語·楚語上》記載,(楚國)「巴浦之犀、犛、兕、象,其可盡乎」。意思是說,我們楚國,有各種大型野生動物,如犀(犀牛)、犛、兕(獅子)、象等,應有盡有。

從西元前500年到西元1050年這一時期,大象活動的北界位於秦嶺與淮河沿線以南的長江流域。雖然當時大象偶爾也移動到淮河以北,但已無法越冬,同時一到淮北,就為當地人所捕殺。在長江上游的四川盆地,野象在晉以前仍在長

江以北生活，但唐代以後則主要限於川東重慶到綦江一帶的江南地區。在長江中游的鄂、湘和贛等地的大象，南北朝以前在長江以北，以後則限於江南。在長江下游地區，從江淮到杭州灣一帶，平原丘陵廣大，江河湖汊眾多，水草豐美，十分適合大象的生活。大家還記得曹沖稱象的故事嗎？那大象便來自孫權控制的江南地區。然而由於長江下游在長江流域中屬開發較早的地區，因此皖南地區的野象從西元550年後就不見於文獻記載了。從西元600年到西元1000年（隋、唐、北宋初時代）氣候回暖，時間達400多年。根據隋唐時期的歷史資料，西元650年、678年、689年的冬季，長安城一帶無冰、無雪。這個時期有不少野象群的記載，不過，野象已遷移到長江下游地區（北緯30°）了。五代後唐長興二年（西元931年）有記載：秋七月，象入信安（今浙江衢縣）境，王命兵士取之，圈而育焉。（《吳越備史·補遺·武肅王下》）

在錢塘江以南，象的消失較遲一些，931年秋，浙江衢州還有捕象的記載。此時野象分布北界的東端，已南移至溫州一帶。西元920～940年，象牙仍是福建的主要貢品之一。

北宋時期，長江一帶能見到「大象過河」。長期以來，在湖北所屬的楚地，大象是很普通的野生物種，在武漢一帶的江面上「大象過河」不是很稀奇的場面。《春秋左傳》以及各朝的斷代史記載都有提到過在長江中下游活動的大象。大象需要生活在沒有陡坡的溫暖溼潤環境，靠近水源或溼地。中

從「豫」字說起——華夏曾現非洲原野風貌

國的大象主要生活在森林中，這樣可以避免日光的直射。大象繁殖緩慢，通常孕育一頭幼象需要 1.8 年，因此在遭受屠殺而減少後，大象種群數量恢復很困難。牠們完全是憑藉獨特的智慧、記憶力，和超強的遷徙能力，才得以保持在長江流域的長期存在。一般四足哺乳動物很難游過武漢江面這樣的寬度，但是大象可以做到。根據《宋史》記載，西元 962 年，大象仍在黃陂縣內出沒，「藏匿林中，食民苗稼」。同一時期河北唐河縣也有大象出沒的記載，廣東潮州則有人向官府報告：「野象數百食稼，農設陷阱田間，象不得食，率其群圍行道車馬，斂穀食之，乃去。」

從西元 1000 年到 1200 年（兩宋時期）氣候又變得寒冷，持續 200 年。北宋元符三年（西元 1110 年）、南宋淳熙五年（西元 1178 年），因遭受嚴寒天氣，福州一帶的荔枝樹全部凍死。北宋政和元年（西元 1111 年），太湖全部結冰，冰上可以通車。據說太湖洞庭山的柑桔全部凍死。南宋時，杭州降雪時間經常延至暮春。紹興二十三年（西元 1153 年），金國使臣來宋朝都城臨安（今杭州）時，蘇州一帶船工要預備鐵錘破冰開路。這個時期找不到長江流域有野象活動的記載。中原地區連年戰亂，大量人口擁向南方，中國的經濟重心開始南移，長江流域的野象也漸趨消失，退至嶺南、閩南地區。直到南宋，閩南漳州一帶仍然有大量野象分布。在宋元之際，大象在福建消失。

從西元 1200 年到 1400 年（南宋、元、明時期）氣候回暖，持續大約 200 年。但溫暖程度不如上一個暖期，大量野象群已移至嶺南地區（北緯 23°）。南宋乾道七年（西元 1171 年）記載：潮州（今廣東）野象數百食稼，農設穽田間，象不得食，率其群圍行道車馬，斂穀食之，乃去。（《宋史·五行志》）。朱熹在紹熙蘭年（西元 1192 年）寫的《勸農文》中說：「本州（今福建龍巖）管內，荒田頗多，蓋緣官司有俵寄之擾，象獸有踏食之患。」明朝洪武二十二年（西元 1389 年），有文獻記載：「廣東雷州衛進象一百三十二。」

從西元 1400 年開始，到西元 1900 年，又是一個寒冷時期，長達 500 年。明朝弘治六年（西元 1493 年），淮河流域各地降下大雪，從當年九月至次年二月，降雪時間長達半年之久。據說當時蘇北沿海變成寂靜的冰原。明朝正德八年（西元 1513 年），洞庭湖、鄱陽湖、太湖同時結冰。洞庭湖成為冰陸，不僅可讓行人通過，而且可以通車。明朝崇禎六年（西元 1633 年）陰曆八月，徐霞客遊五台山時，看到「陰崖懸冰數百丈」。據說當時五台山夏季下雪，陰崖冰雪不消。清朝順治七年（西元 1650 年）至康熙三十九年（西元 1700 年）是最冷的時期。有關文獻記載，漢水五次結冰，太湖與淮河四次結冰，洞庭湖三次結冰，鄱陽湖於康熙九年（西元 1670 年）也結了冰。據說當時京杭大運河一年的封冰期長達 109 天。清朝咸豐十一年（西元 1861 年）十二月，蒲坼大雪，平

從「豫」字說起──華夏曾現非洲原野風貌

地深五、六尺，凍斃人畜甚多，河水皆冰。這個時期有關野象的記載很少，野象分布在廣東與廣西之間的深山裡。

嶺南氣候溼熱，森林茂密，且開發較晚，因此野象一直生活到 19 世紀。當時嶺南地區眾多的野象也對當地人的生活帶來了很大的不便和危害。南漢還曾出動象軍和北宋作戰。嶺南地區東部的野象在 12 世紀後便逐步消失，而西部地區野象棲息的時間較長，生活直到 19 世紀。進入近代後，獵殺手段明顯先進多了，人類再也不必懼怕這種巨獸了。到了 1930 年代，廣西十萬大山一帶還有野象才最後滅絕。從此野象退居於雲南一隅。

從以上歷史資料可以看出，四千年來中國的氣候氣溫的變化是不斷變冷，反覆向下的走勢。各個時期野象群南遷的情況表現最為突出。

為什麼要特別研究野象群活動的情況呢？因為野象是喜歡溫熱氣候的大型動物，幾乎沒有天敵，古人對其獵殺手段也極其有限。野象群遷移的最大可能性，就是因為氣候環境的變化，氣候變冷使牠們無法適應，難以生存的結果！

如果說中國大象的退居在氣候因素之外還有人為因素的話，那麼現代大象的遠親猛獁象的滅絕，則幾乎與人類毫不相干了。一萬年前，北極地區分布著數量眾多的大型哺乳動物，但是似乎一夜之間，包括猛獁象、長毛犀牛、草原野

牛、馬和麝牛等動物在內，全部滅絕了。科學家一致認為「罪魁禍首」是氣候變化。過去五萬年的北極植物群主要是草本開花植物，後者是為大型食草哺乳動物提供了豐富的營養。但是2.5萬至1.5萬年前，大多數北極陸地被覆蓋了冰，導致草本開花植物的多樣性急遽銳減。在這個階段，大型哺乳動物從無冰的區域勉強倖存下來。隨著冰河世紀末期氣候的變化，草本植物進一步減少，隨後被草地取代。這種營養物質相對匱乏的草地並不是很好的食物替代品，從而導致一萬年前北極地區包括猛獁象在內的大型哺乳動物的最終滅絕。由此可見，大象這類巨獸適應環境的能力是很差的，這在生物學上也有相應的結論。

從「豫」字說起—華夏曾現非洲原野風貌

蜀地象牙從何而來

在目前發現的世界史前遺址中，時常有象牙藝術品出土，卻很少可以見到完整的、沒有經過加工的象牙。而成都平原上的古蜀國，除了有象牙雕刻出土外，更多的是完整的象牙。1986 和 2001 年，在成都平原上的三星堆、金沙兩處遺址中，考古學家發現了大批象牙。三星堆遺址較少，大概只有 80 餘根；金沙遺址則多上許多，出土的 1,000 餘根象牙最終堆積成了一座小山，一個遺址出土這麼多象牙，到目前為止在全世界是絕無僅有的，是三星堆、金沙文明遺址的一大奇觀。

在金沙遺址的祭祀場所裡，考古學家們發現了許多重要和特殊的現象，但其中以象牙祭祀的方式最引人注目，可以說是全世界三千年前現存象牙數量最多、個體最大、保存最完好的遺址。在祭祀區內發現的最大一處象牙坑，雖然由於機械施工破壞，原坑的構造已不清楚，但從殘存的坑部情況看，坑內的器物分層疊放。其上層全部堆積象牙，從斷面觀察，象牙多達 8 層，擺放極有規律，場面非常壯觀。此外，在金沙遺址發現之初出土的象牙更是不計其數，初步估計其重量可達兩至三噸。在金沙遺址出土的這麼多象牙裡面，最長的一根達 1.85 公尺。而今天雲南等地區生存的亞洲象，最長的象牙也就 1 公尺，一般的就 70 公分左右。可以想像當時的大象有多龐大。

這些象牙很快成為考古界關注的焦點，因為直到今天，

象牙仍然是極為珍貴的藝術品，三千年之前的三星堆、金沙古國，富庶的程度可想而知。一個問題隨之產生，這麼多象牙，是從哪裡來的？

三星堆和金沙遺址出土的象牙，經鑑定為亞洲象。生物學上，現代像有兩種，即亞洲象與非洲象，亞洲象僅雄象有象牙，每頭雄象兩根，非洲象則雌雄都產象牙。如此說來，金沙遺址出土的 1,000 多根象牙應當取自 500 多頭亞洲象，足以組成一個龐大的象群。而在今天中國境內，只有雲南西雙版納一帶才有大象，其他地方都沒有，難道在 3,000 年前，成都平原曾有野生大象？

現在的亞洲象主要分布在印度、孟加拉等南亞和東南亞地區，而自古以來，蜀道便有「難於上青天」的說法，如果說這些象牙都是從南亞、東南亞那邊運過來的，就當時的交通狀況而言可能很困難。那麼，有沒有可能這些象牙就是成都平原本地產出的呢？

在古人寫的一些書中，他們就說成都平原以前是有象的，提到最多次的是《山海經》，這大概是一個戰國時期的古蜀人寫的書，裡面說的成都平原上五穀自然生長，一年四季都可以播種和收穫。又說，「岷江的水從岷山流出來，那裡有犀牛、大象」，「巴國有一條巨大的蛇，可以吞下一頭象」。到了兩晉，蜀人常璩也說，「古蜀國的物產很豐富，寶物有美玉、犀牛、大象」，《國語》裡面也有「巴、浦兩個地方的犀牛

和大象，多得簡直數不清啊」的感嘆，巴、浦指的大約就是現在的四川一帶。

在金沙遺址發現的植物孢粉種類有藻類、蕨類、裸子、被子植物，也表明當時成都平原植被以草本植物占優勢，部分地區為低窪的溼地，生長著大量喜溼的蕨類植物，在丘陵上生長著喬木，總體氣候屬於熱帶和亞熱帶的溫暖氣候，有著溫暖溼潤和溫暖乾旱氣候交替的現象。考古人員還在金沙遺址的古河道裡清理出了一些珍貴的烏木。烏木又叫陰沉木，專指埋藏於古河床下數千年的各類名貴古樹，經過物理、化學等長期反應過程，形成了似石非石，似木非木的質地，其木質堅硬細膩，紋理清晰，非常珍貴。大量烏木的出土，充分證明遠古時代的成都平原有著良好的生態環境。

在古河道附近還發現了體量巨大的古樹根遺跡，一些大象的臼齒，麋骨，犀牛、豬獾、黑熊、牛、馬等動物的牙齒以及兩個較為完整的大象的下顎骨等，這些情況一方面反映出這些動物很可能是在當地被屠殺，另一方面也反映出金沙時期甚至到了比它更晚的戰國時期，成都平原可能到處都是茂密高大的森林，成群的動物生活其間，可以推測這種溫暖溼潤、動植物茂盛的自然環境應適合野生大象的生存。因此金沙遺址發現的這些象牙，很有可能就是本地所產。

按照一些學者的觀點，三星堆文明晚期，一場洶湧的洪水襲擊了三星堆古國，三星堆人四處逃散，國破家亡。這場

洪水不但毀掉了輝煌的三星堆文明，也為成都平原上的動物帶來了滅頂之災，笨重的大象在洪水來臨時躲避不急，紛紛喪生。洪水過後，僥倖逃生的三星堆人獲取了無數象牙，並在不遠的金沙建立起一個新的國度，這些象牙也成為他們寶貴的財富。金沙人的象牙來源於一次因禍得福的災難和意外。不過，這種天上掉餡餅的好事似乎是不太經常發生的，因此，有學者提出，三星堆與金沙遺址出土的象牙實際是古蜀人在成都平原上狩獵得來的。

　　1986年，在三星堆祭祀坑中發現象牙時，當時考古工作者對象牙的來源曾作出過種種推測，但大部分都傾向於大象外來說，人們認為，這些象牙也許來自雲南或者印度。今天，當人們面對金沙遺址如此眾多的象牙時，這些大象的來源再次困擾著考古學家。與三星堆不同的是，這次大象來自於本地的說法占據了上風。大家知道，現在成都地區乃至四川境內根本沒有野生大象，如果這種觀點成立，那麼是否表示3,000多年前成都平原的氣候與現在有較大的區別？經科學研究，距今3,000年前後是全球的溫暖期，平均氣溫比現在高出攝氏2～3度，從文獻記載來看，在當時的長江流域和黃河中下游地區都有大象的存在。在甲骨文卜辭中有商王獵取野生大象的記載，中原地區還曾用象兵作戰。那麼，比中原地區緯度更靠南的成都平原，存在野生大象應該是完全有可能的。

從「豫」字說起—華夏曾現非洲原野風貌

活在文化記憶裡的犀牛

曾經有一則新聞引起了一番爭論：滅絕 80 年的犀牛將重返雲南普洱。這也是一則挑戰常識的新聞。難道 80 年前，中國也有野生犀牛？新聞內容寫到，當地動物園野放的犀牛，竟然是非洲白犀牛！難怪要引起一番爭論！中國原來即使有犀牛，會是非洲白犀牛嗎？

遠古時期的華夏大地，曾經是一派非洲原野的盛景，不僅有成群的野生大象，也有大量的犀牛，只不過不是非洲白犀牛，而是土生土長的中國犀牛！中國犀牛是生長在中國的三種犀牛（印度犀、蘇門答臘犀、爪哇犀）的種群統稱，一般體長在 2.1～2.8 公尺，高 1.1～1.5 公尺，重 1 公噸左右，曾廣泛分布在中國南方各省，棲息在接近水源的淺山地區。皮膚有又硬又黑呈深灰帶紫色，上面附有鉚釘狀的小結節；在肩胛、頸下及四肢關節處有寬大的褶縫，使身體看起來就像穿了一件盔甲。雄性鼻子前端的角又粗又短，而且十分堅硬，所以當地人們又稱之為「大獨角犀牛」。

著名歷史地理學家何業恆所著的〈中國野生犀牛的滅絕〉一文指出，氣候逐漸變冷也是一個重要因素。犀牛是一種喜歡溫暖氣候的熱帶、亞熱帶動物，中國犀牛曾廣泛分布在大半個中國，主要棲息在接近水源的淺山地區，由於自然氣候

的變冷和人類的開發活動對牠們生活環境的不斷破壞，使得牠們的棲息地逐年迅縮小。殷商時期犀牛所能到達的最北界，或還在殷墟之北的內蒙古烏海一帶，經六盤山往東，過子午嶺、中條山、太行山，直至泰山北側，長達 1,800 多公里。春秋時期的北界，則已縮減到了渭南山地、漢水上游、淮河流域直至長江下游；到西元前 2 世紀的漢代，中原就已經沒有犀牛了。唐朝時，湖南、湖北、廣東、廣西、四川、貴州甚至青海，都有分布。明朝時，只分布於貴州、雲南。到了清朝時，它們的棲息地就僅剩下雲南了。

中國早在新石器時代就已經有犀牛的存在，在浙江餘姚河姆渡遺址中已經多次發現犀牛的骨頭。河南安陽商代殷墟中也曾出土過一個大型獸頭骨，上面刻的文字表明這是一頭犀牛的頭骨。商代的甲骨文中常出現殷王獵犀牛的記載，獵犀在殷及西周是田獵中的一個盛大活動，君主在獵犀之前都要動用龜甲求好預兆。3,000 年前的殷商時代，在野外遇到犀牛，是件平常的事情，大約相當於今天在田野裡遇到兔子。根據甲骨文的紀錄，當時稱犀牛為「兕」，被捕殺後主要供人食用。在《殷墟文字乙編》第 2507 片記載的「焚林而獵」卜辭中說，殷王一次就捕獲林中的犀牛 71 頭。然而此時的黃河流域，家豬飼養已經漸漸發展起來，與這種主宰飯桌數千年的肉類相比，犀牛的肉恐怕並不是那麼有競爭力。那麼，「焚林而獵」式的大量捕殺，除了食其肉外，犀牛也應該有了其他

從「豫」字說起──華夏曾現非洲原野風貌

用途。殷商遺址出土的「宰豐骨匕」為這個假設提供了線索，從上面刻的文字可以看到，此「匕」就是用殷王賜予獵獲的犀牛骨製作的。

商周時期，不但產犀牛，而且還將犀角和犀革做成了器具或衣甲，有一種用犀角做成了的酒器叫做兕觥，兕觥一次以容納約500毫升的酒。除了用犀角做觥外，犀牛最主要的用途是用牠的革製甲，在鐵甲興盛以前，犀甲是春秋、戰國時各國武士所羨慕的裝備。史書記載越王夫差成千上萬的兵士都身穿犀甲作戰。在兵戈擾攘的戰國時代，對犀甲的需求量的增加，迫使人們對犀牛進行長期的濫捕濫殺，使得這種生殖率很低的野生動物在中國，尤其是在北方地區，數量急遽下降。

犀角更是一味珍貴的傳統中藥，與鹿茸、麝香、羚羊角一直並稱為中國四大動物名藥，其功能為清熱解毒、定驚止血。犀角還以顏色、花紋判定等級，分成文犀、通犀、夜明犀、粟眼犀及能解蠱毒的蠱毒犀等不同種類。最早的中藥學著作《神農本草經》就記載「犀角，味苦寒，主百毒蟲蛀……久服輕身」。不過現代醫學對此並不認同：犀角屬角質類，為毛髮類的衍生物，以多重複合的碳酸鈣鏈為架構，形成緊密的分子組合，在生物蛋白中屬不易發生化學反應的惰性有機化合物，幾乎無法被人體吸收，故實際藥用價值不高，應用範圍狹窄。

陝西關中一帶，最晚到西漢晚期犀牛已經絕跡。漢平帝時王莽輔政，為了炫耀「國威」，曾贈與位於蘇門答臘西北部的黃支國國王大量財物，讓他向漢朝皇帝奉獻犀牛。原來在中原一帶常見的蘇門答臘犀卻要用重金進口，可見這種犀牛在中原一帶已經絕跡。大約自漢代開始，已逐漸建立起自廣州進口犀牛製品的通商路線。

　　唐代時，華南偏遠的山區仍有野生犀牛存在，他們還可以向朝廷貢納犀牛。而在中原一帶已很少看到野生犀牛的蹤跡。京畿苑囿中偶爾豢養的幾頭犀牛也是從國外進口來的，這些來自熱帶、亞熱帶的犀牛與原來當地的犀牛品種不同，牠們往往適應不了中原的水土氣候，常常出現凍死的情況。

　　在當時，國家之間奉獻犀牛在當時也是一件大事，唐高祖李淵的獻陵就有一個犀牛石像象，是為了紀念外國獻犀而專門製作的。唐代詩人儲光羲有〈述韋昭應畫犀牛〉詩一首，可見唐代當時貢獻犀牛的情況：少數民族不遠萬里獻犀牛，朝廷以最好食宿條件圈養之──「遐方獻文犀，萬里隨南金。大邦柔遠人，以之居山林。食棘無秋冬，絕流無淺深。雙角前嶄嶄，三蹄下駸（ㄑㄧㄣ）駸。……」最著名的一次進貢犀牛，在唐代貞元年間，詩人白居易詳細記錄了當時的情景：「海蠻聞有明天子，驅犀乘傳來萬里。一朝得謁大明宮，歡呼拜舞自論功。……」作為珍貴禮物的馴犀，在受到了隆重的接待後，被安置在皇家園林中，享佳餚，戴金鎖，成為

帝國最高級的寵物。然而，犀牛並不能適應這樣的環境。詩人接下來用有些幽怨的筆觸摹寫了犀牛的境況：「海鳥不知鐘鼓樂，池魚空結江湖心。」馴犀生長自沒有霜凍嚴寒的南方，而北方再優越的環境也難以抵擋嚴酷的氣候，不久即在苦寒天氣中死去。這一次不成功的圈養，被另一位詩人元稹進一步評論，他說，就像過了江的橘子不能吃、過了汶水的貉不能成活一樣，這樣對犀牛違背自然規律的圈養，不但受氣候的限制，並且使犀牛喪失了自己的本性，因此勢必不能長久。

由此可見，從西元前 500 年前後黃河以北氣候明顯變冷開始，該地區的犀牛種群持續南遷。到唐朝時，黃河以北地區已完全不適合犀牛生存，此後，唐人放生馴犀一般都要送回原產地去，如送回東南亞、渠州（今四川廣安一帶），而不是就地放生，這正是因為黃河中下游地區氣候變冷，已不再適合犀牛生存。

唐代犀牛分布北界則是青海西寧至福建漳州一帶，包括四川盆地、雲貴高原北部等西南地區及長江中下游等，那時犀牛已經「僅僅生活在溫暖的南方部分地區」，因在中原難得一見，以至於唐人在雲南地方及民族史著作《蠻書校注》裡提到茫蠻部落（傣族先人）用陷阱捕犀、用犀牛皮製成盔甲的情景時，大感驚訝，似乎是聞所未聞的罕見之事。

北宋時,到西元 1050 年前後,似乎不僅長江流域的氣候也開始變冷,冬天連嶺南郁林州(今廣西興業縣)的犀牛都要「掘地藏身而出鼻」,也就是犀牛在地上挖個洞,把自己整個身體藏進去,僅留個鼻子在外面。南宋以後,犀牛棲息地繼續南移。唐代湖南、貴州、湖北、四川交界處,原本有 15 個州郡出產犀牛,是重要的犀牛棲息地,這時已經只剩一兩個州郡還有犀牛了,此後犀牛棲息地繼續縮減到只剩溫暖溼潤的嶺南兩廣地區和雲南。在這之後,犀牛棲息地的縮減速度,甚至超過了習性相近的另一種大型溫帶草食性動物──亞洲象。

　　事實上,兩晉以後,有關犀牛的文物──不論是繪畫還是雕塑(獻陵石犀不計),幾乎成為絕響。後來明朝的李時珍,在《本草綱目》中犀牛畫得走樣,陳夢雷的《古今圖書整合》更是畫得莫名其妙。這也間接證明,中國犀牛越來越稀少了,甚至到了難得一見的程度。然而,數量已經極其有限的犀牛,仍遭到持續大規模獵殺,直至種族滅絕:

1916 年,中國最後一頭雙角犀被捕殺;

1920 年,中國最後一頭大獨角犀被捕殺;

1922 年,中國最後一頭小獨角犀被捕殺;

1911 年後的十餘年間,中國被捕殺的犀牛數目總共不足 10 頭。

從「豫」字說起—華夏曾現非洲原野風貌

1933 年，中國最後兩頭野生犀牛在雲南被捕殺。

與所有滅絕動物一樣，在大規模種族消失後很長一段時間內，總會有一些隱約的蹤跡留在人們的傳聞中，犀牛也不例外。1994 年，有報告在西藏山南地區目擊犀牛，從獨角、體形巨大來看，似為印度犀。1996 年，有報告在西雙版納目擊犀牛，據分析很像是爪哇犀。這兩個地區，都是與目前的犀牛產地印度和緬甸的交接地帶，動物學家們認為，隨著環境的改善，犀牛「越境」到中國生存的可能性是存在的。

傳聞最多，卻也最難證實的，是湖南常德石門縣壺瓶山犀牛圈一帶。1974 年，一名外來的農業部人員到犀牛圈林區採桑葚，遇到一隻豹，危急之中，密林裡衝出一頭全身土褐色、長得似豬非豬、似牛非牛、頭上長獨角的怪獸，嚇得豹望風而逃，那怪獸也消失在密林深處。從那以後，該地帶曾先後多次有人目擊類似犀牛的野生動物。據稱，當地山民對於這種怪獸並不認為少見，他們一直把這種動物叫做「犀牛」或者「闖水牛」。

1990 年，一位老農在犀牛圈山區砍柴，聽到一陣低沉的腳步聲。隨後，從那腳步聲來源的樹林裡鑽出來一頭全身褐色的似牛怪獸，額頭上生一角，體型有黃牛那麼大。那怪獸沒有侵害之舉，只是在老農不遠處慢慢吃草，然後又消失在另一灌木叢中。

1993 年，有一群人犀牛圈山區時，中午時分在一片靠近水塘的草叢中看到 3 隻像是犀牛的動物，據目擊者描述，那些「犀牛」像牛一樣大，但長得像豬，一隻頭上有小角，腿比水牛還粗。

　　當地林業部門表示，若在壺瓶山地區確有犀牛殘存，其種類很可能是俗稱「中國雙角犀」的蘇門答臘犀，這種犀牛在古代曾經廣泛分布在中國各地。也只有這種長有毛的犀牛，才適合已經變成溫帶氣候的壺瓶山區，這種犀牛體形最小，是犀牛家族中的小個子，最高不過 1.4 公尺，和目擊者稱「黃牛大小」比較接近。

　　此外，蘇門答臘犀善於泅水，也符合當地山民對「闞水牛」的描寫。據分析，近年來當地發現犀牛的目擊增加，很可能與最近幾年降水豐沛有關，使喜歡水的蘇門答臘犀擴大了活動範圍，同時與犀牛圈地區人類活動增加有關。

　　蘇門答臘犀外形也符合目擊者所說的「似豬非豬、似牛非牛」。事實上，牠的腿短、腹部大，的確有點像豬。但牠是獨角，這與雙角的蘇門答臘犀又有不同。於是又有人樂觀推測，這會否是未知的犀牛亞種？

　　讓我們再回到雲南野放犀牛那個話題。很多人認為，這次野放非洲白犀牛的意義，僅僅在於「重返」，土生土長的中國犀牛也僅僅存活在文化記憶裡。如果野放的犀牛是和中國

從「豫」字說起──華夏曾現非洲原野風貌

犀牛親緣關係近一點的印度犀、蘇門答臘犀、爪哇犀，在生物學上，或許還有一定的正面意義。

歷史上野生中國犀牛分布的地區，曾比野象更為廣大。如果說中國大象是在「退居」，中國犀牛則是慢慢走向滅絕了，其中原因，除了人類持續大規模的獵殺外，氣候逐漸變冷也是一個重要因素。犀牛在氣候與人口壓力的共同作用下，其生存空間遭到永久性破壞後，便出現了地區性滅絕。對現代中國人來說，犀牛是一種「活」在詩詞、成語、藝術品拍賣會或博物館中的動物，即使偶爾在動物園遇到，也必以為是舶來的物種。你可以在「心有靈犀一點通」或「犀牛望月」等詞句中尋找到它，卻永遠不會在野外見到牠的身影。然而，不要忘記，僅僅在80多年前，最後一頭野生的中國犀牛才在牠的故鄉消失。

帝王家的寵物
—— 熊貓曾經並不罕見

帝王家的寵物──熊貓曾經並不罕見

「寵物」、「中國國寶」、「不罕見」，這難道說的是貓熊嗎？難道這又是一個顛覆常識的命題？回答是肯定的。貓熊曾在中國帝王家當寵物，也曾經很常見，這並非天方夜譚，翻開史冊，可上溯至西漢年間。故事的源頭，還得從發現漢南陵說起。

1975年6月上旬，陝西省西安市郊的白鹿原上傳出了一則消息：當地農民在修繕蓄水池時，發現數座長方形小坑，坑裡有陶俑及動物骨骼出土。在這些遺存裡，發現一副「怪獸」的頭骨。後來，博物館的專家經過對比分析，驚喜地發現這個「怪獸」骨頭，是一副大貓熊的頭骨！後經考古研究所考證，這處遺址是距今2,100多年前的「漢南陵」，即西漢薄太后的墓地。讓人不解的是，這貓熊骸骨為什麼會出現在白鹿原上呢？

一提到貓熊的故鄉，大多數人的第一反應就是四川臥龍一帶。可是在沒有茂密竹林的黃土高原上，貓熊靠什麼食物生存繁衍呢？據所知，大貓熊最主要的食物是竹子，而大片的竹林又必須依賴溫暖潮溼的氣候條件。眼前這片位於中國西北的黃土地，實在是與人們心目中滿山翠竹的貓熊故鄉相差太遠了！

薄太后為什麼會以貓熊陪葬？那隻在薄太后陵從葬坑中發現的貓熊來自哪裡？會不會是當時四川一帶向大漢朝廷進貢的珍稀動物呢？

遠古時期,大貓熊的祖先始貓熊先於人類出現在地球上;始貓熊在這個世界上生活了六七百萬年之後,人類才誕生。後來,大貓熊逐漸變成了勇猛和威武的化身。漢代帝王還曾以「貘」作為對大將軍的最高獎賞。「貘」,就是大貓熊的一個古稱。皇家園林的名著〈上林賦〉中也提及園中有貓熊。看來,辦喪事的人深知薄太后與貓熊有感情,才會讓其陪葬。那麼,關於薄太后為何愛寵物,漢史裡有這樣一段記述:薄太后原名薄姬,是漢高祖劉邦一位妃子。她為漢高祖生下一子,名劉恆。漢高祖駕崩,呂后獨攬大權。從此,薄姬遭受虐待。呂后讓她去山西劉恆的封地生活,到了那裡,她便沉醉於山林美景,與牛羊親近,過著與世無爭的田園生活⋯⋯呂后死後,群臣一致擁戴劉恆當皇帝。這樣,薄姬就變成了薄太后。如此看來,薄太后的隨葬品裡有貓熊等動物就不難理解了,因為她生前喜愛動物。從時間上來說,西漢至今2,100多年,在如此短的時間裡,通常是無法形成化石的。令人感興趣的是:這具貓熊顱骨為何保存在薄太后的從葬坑裡?2,100多年前,西安地區是否曾有貓熊生存過?

　　2012年,有專家組成了考察隊,對滻河、灞河流域的生態環境進行了一次綜合的科學考察。專家們找到了一段無人類活動干擾的全新世黃土剖面,以2公分為間距採集黃土樣本。首先要把這些樣本送到實驗室進行年分測量。釋光測年法是以標本中的礦物累積吸收劑量除以每年得到的輻射劑

帝王家的寵物──熊貓曾經並不罕見

量,就可以推算出標本接受輻射的累計時間。透過分析,研究人員從樣本中確定了從上至下140至160公分為距今兩千年左右沉積的土壤。與這些貓熊同時代的土壤標本終於被確認了,但是能不能在這些標本中發現有關竹林的資訊呢?

土壤的樣本被送到了「孢粉分析鑑定實驗室」,令人驚喜的化驗結果出來了:在兩千年前的土層中分布著松屬、樺屬、榆屬、禾本科、十字花科、麻黃屬等植物孢粉。專家們根據這些孢粉,分析出當時滻灞地區的氣候是溫暖潮溼的。這種氣候條件,為竹林和貓熊的生長提供了可能性。

大貓熊賴以生存的竹子屬於禾本科。在這次孢粉研究中,雖然尚未精確地分析出這些禾本科植物中是否含有竹子,但是文史專家卻從古籍文獻中尋找到了關於竹林的記載。

由於滻灞兩河長期沖刷堆集,形成了白鹿原。當時某個時期,氣溫適宜,雨量充沛,生長著貓熊的食物 —— 禾本科類植物(竹子)。據《水經注・渭河》載:「幽篁遂密,林障秀阻。」《史記・貨殖列傳》載:「渭川千畝竹。」由此看來,白鹿原一帶的確長有竹子,只是這個時期不是太長,到了漢武帝時代,就已改變。植被破壞、環境變化,人們自然就看不到貓熊了。

2,000多年前,白鹿原所在的關中平原氣候溼潤,物產豐饒,是西漢時生態資源極其豐富的地區之一。生長在這裡的大貓熊雖然被稱為「秦嶺貓熊」,可是在當時,牠們的活動

範圍卻不僅僅只在秦嶺，而是向北延伸，直達白鹿原和滻灞中下游流域的廣大平原和臺地，數量眾多。中國地區5,000年來的氣候曾有過多次波動，出現過冷期和暖期。到了秦漢時期，正值氣候溫暖，關中雨量充沛，是個竹深林密的風景佳地，早為詩人所讚頌，而「戶杜竹林」，更是聞名遠近的美稱。至此，考古學家認為，薄太后從葬坑裡的貓熊絕不是臨葬時從外地抓來的，而是當地即有該種動物存在的確切證明。當時秦嶺以北的氣候和自然環境完全適於貓熊的生存。目前，在秦嶺長青山一帶還有貓熊。何況當時氣候溫暖，貓熊的活動範圍稍擴大一點，人為干擾少一點，貓熊就可以越過秦嶺抵達西安市郊或更遠的地方。

如今由於氣候變化和人為干擾等原因，今天的黃土高原已經有了巨大的改變，貓熊只能蝸居在秦嶺深山裡。人們不禁要思索：今天的中國「國寶」，會不會也受到氣候變化的影響呢？隨著全球氣候變暖，大貓熊棲息地越來越熱，氣候變化愈漸明顯，是否會影響竹子的生長？憨態可掬的大貓熊的生存之路會發生怎樣的變化？

根據周邊山系中的34個氣象站的氣象資料，人們對四川大貓熊棲息地的氣候變化特徵進行了分析，對2020年至2050年棲息地的氣溫、降水等變化進行了情景模擬。從得出的結果顯示，近50年大貓熊棲息地年平均氣溫呈現上升趨勢，降水量為減少趨勢。根據「聯合國政府間氣候變遷專

帝王家的寵物──熊貓曾經並不罕見

門委員會」（IPCC）所設的模擬結果，大貓熊棲息地在2050年前，整體而言氣溫、降水變化表現出明顯的西北至東南差異，未來的氣候變化將使大貓熊適宜區、次適宜區由東南向西北轉移。

有些科學家認為，隨著氣候變暖，低海拔、低緯度地區大貓熊的現有棲息地將逐漸喪失，大貓熊將可能向高海拔、高緯度區域遷移。甘肅的大貓熊分布在文縣、武都、舟曲、迭部4個縣，七大自然保護區基本上已經連成一片，成為甘肅大貓熊生長的樂園，在未來氣候變化的條件下，大貓熊將可能向西北區域擴散或遷移。不過，專家也表示，這一研究結果僅以氣象資料為基礎，沒有納入生態環境、植被、人口活動等因素，只能說大貓熊向西、向北遷徙的結果是可能出現的。

全球氣候暖化正在影響著我們的生活，同時也影響著自然界的一切，動物們正以自己的方式向溫度相對較低的區域擴散。那麼，未來大貓熊的家園將會在哪裡？新的棲息地又是否能滿足大貓熊的生存呢？

也有的科學家認為，實際上，氣候變化對大貓熊並沒有什麼太大的影響，但卻對大貓熊的主要食物竹子的影響比較大。近年來，由於中國有些地方還是有亂砍亂伐樹木的現象，導致大量竹子暴露在太陽下以致死亡；洪水、泥石流災害的發生，也會造成竹子的損失，這些都將影響大貓熊的生存。

「一萬年前,這個地球二氧化碳的排放量位於最低點,森林覆蓋率高。自從進入工業化後,二氧化碳的排放量迅速增加,再加上濫砍濫伐,森林面積已日益減少。我們非常擔心,這種情形下,大貓熊未來是否還有竹子可吃?」指著一幅曲線圖,愛丁堡皇家植物園史蒂芬教授說出了他的擔憂。「要知道,竹子占了大貓熊食物來源的99%,牠每天花10幾個小時在不斷攝取竹子來保證自身的營養。而氣溫的上升,會破壞竹林的生長,沒有食物,將會使大貓熊陷入悲慘的境地。」史蒂芬教授介紹,「大貓熊危機」是一個中英合作專案,專家一直在研究大貓熊的主要糧食──竹林的分布,並建立一個模式去預測氣候變化對竹子生長的影響。史蒂芬表示,此次研討會希望透過介紹研究成果,提升眾人對大貓熊棲息地的保護意識。

　　竹子對於瀕臨絕種的大貓熊來說,幾乎是唯一的食物來源。研究人員指出,只有當竹子被遷移至海拔較高的環境下生長時,大貓熊才可能繼續存活。為此,如果一些相關保護專案進展緩慢,隨著全球暖化日益加劇,人類的各項活動可能會將改變竹的棲息環境。如果竹子還是繼續被限制生長在現在的分布地區,那到本世紀末,將會因為氣溫上升,導致當地80%至100%的竹子因為不耐高溫而消失。但是,如果能將竹子遷移至新的、溫度相對較低的地區生長,竹子的永續生長則還有一線希望。但是,一切可能性都取決於人類

在未來限制溫室氣體排放,減少氣候變遷的成效。

現在,許多野外的大貓熊都居住在自然保護區中,以免遭人類的侵擾。隨著未來溫度的升高,這些保護區的大部分地區將不再適宜竹子生長。但是,如果現在能提前採取保護措施,隨著竹子不斷變化,對這些保護區的竹子進行遷移,就有可能保留出大貓熊需要的棲息環境。

讓我們再回到開頭的話題。隨著生態區的設立,人們對治理後的環境讚嘆為不已。當地政府已經計劃將秦嶺「四寶」之一的大貓熊「引進」,人們 —— 特別是當地居民已不覺得偶然和稀罕。因為,在東南數公里的白鹿原上有薄太后墓,在其南數公里就有荊峪溝。這裡有水、有草、有竹林,已具備了貓熊棲息的條件。他們堅信,貓熊重生,已經成為可能,只是時間問題。

「東風」能借來嗎
── 赤壁之戰的真相

「東風」能借來嗎──赤壁之戰的真相

《三國演義》中諸葛亮借東風的故事可謂家喻戶曉。建安十三年（西元208年）農曆十一月，曹操率兵50萬（號稱80萬），進攻孫權。孫權和劉備聯合，憑藉長江天險，堅守江南。孫劉聯軍在赤壁（今湖北省蒲圻縣）與曹操的先鋒部隊遇上。曹軍聽從龐統的建議採用「連環戰船」方法，扭轉當地士兵不善水戰的被動局面。但是，「連環戰船」目標太大，行動不便。有人提醒曹操要防備吳軍火攻。曹操卻認為：「凡用火攻，必借東風，方令隆冬之際，但有西北風，安有東南風耶？吾居於西北之上，彼兵皆在南岸，彼若用火，是燒自己之兵也，吾何懼哉？」周瑜也看到了問題的關鍵，只是苦於氣候條件不利火攻。劉備軍師諸葛亮看出周瑜心病，借「天有不測風雲」一語，密書16字：「欲破曹公，宜用火攻；萬事俱備，只欠東風。」諸葛亮願為聯軍憑天借到三日上夜東南大風，以應戰爭急需，並約定十一月二十日甲子之日。周瑜為之撥兵築壇，等候動靜。在約定日子的當夜三更時分，果然東南風大起，聯軍乘風出擊，火燒赤壁，大敗曹兵。還在諸葛亮隨周瑜剛出兵時，他就告訴劉備說：「但看東南風起，亮必還矣。」吩咐劉備於十一月二十甲子日，派趙雲駕船在約定的地點等候他。

「七星壇上臥龍登，一夜東風江水騰。不是孔明施妙計，周郎安得逞才能？」這段詩句出自《三國演義》第四十九回「七星壇諸葛祭風，三江口周瑜縱火」，雖然寫得並不怎麼

好,但卻誤導了成千上萬的讀者,以為諸葛孔明真的有「借東風」的能力。赤壁之戰中,東風發揮了很大作用,唐朝詩人杜牧有兩句名詩道:「東風不與周郎便,銅雀春深鎖二喬。」意思是多虧老天爺把東風借給了周瑜,讓他能方便行事,否則孫策的老婆大喬和周瑜的老婆小喬就會被曹操擄到銅雀臺去了。京劇《群英會》中,曹操有句唱詞:「我只說十一月東風少見。」顯然後悔自己對氣象判斷失誤,吃了大虧。然而,諸葛亮借東風的傳說,經過考證卻被認為是虛構的。

真實的赤壁之戰是中國古代歷史上以弱勝強的著名戰例。東漢末年,曹操在統一北方以後,於西元208年冬季率兵20餘萬南下,孫權和劉備聯軍5萬,共同抵抗。曹兵進到赤壁,小戰失利,退駐江北,與孫劉聯軍隔江對峙。孫劉聯軍利用曹軍遠來疲憊,疾疫流行,不習水戰,後方又不穩定等弱點,藉助風勢,用火攻擊敗曹操。《三國演義》中並沒有完全虛構。

赤壁之戰雖然已經過了1,800多年,但仍然是人們津津樂道的話題,也為現代人留下了很多疑問。首先要問的是:赤壁在哪裡?

在中國地理圖冊中,至少有兩個赤壁:

二龍爭戰決雌雄,赤壁樓船掃地空。
烈火張天照雲海,周瑜於此破曹公。

「東風」能借來嗎──赤壁之戰的真相

唐代詩人李白筆下的這個赤壁，位於湖北省蒲圻縣西北三十公里處的長江南岸（實為東南岸）。

大江東去，浪淘盡，千古風流人物。
故壘西邊，人道是、三國周郎赤壁。
亂石穿空，驚濤拍岸，捲起千堆雪。
江山如畫，一時多少豪傑！
遙想公瑾當年，小喬初嫁了，雄姿英發。
羽扇綸巾，談笑間、強虜灰飛煙滅。
故國神遊，多情應笑我，早生華髮。
人生如夢，一樽還酹江月。

宋代詞人蘇東坡筆下的赤壁，位於湖北黃岡縣城西北的長江南岸。

據歷史地理學家酈道元考證，李白筆下的赤壁（蒲圻赤壁）才是真的「周郎赤壁」。到過蒲圻赤壁的人或者雖沒有到過，但從地圖上神遊過那裡的人，差不多都會發現，長江在這裡一反東西走向，而呈西南、東北走向，所以，當時的人才稱周瑜統軍所在的一方為江東。

然而，人們更關心的是，決定赤壁之戰勝負的「東風」，難道真是諸葛亮「借」來的嗎？

其實，對於火攻的氣象條件，曹、周、諸葛三人是有共識的。然而，諸葛亮由於家住在離赤壁不遠的南陽（今湖北

襄陽附近），對赤壁一帶天氣及氣候規律有更深的了解。西北風只是氣候現象，在氣候背景下可以出現東風，這是天氣現象。在軍事氣象上，除了必須考慮氣候規律之外，還須同時考慮天氣規律。當時，諸葛亮根據對天氣氣候變化的分析，憑著經驗，已準確預報出偏東風的出現時間。十一月的一個夜晚，果然颳起了東南風，而且風力很強，周瑜抓住機會火燒連營，順利擊敗曹操的軍隊。但為迷惑周瑜，他卻設壇祭神「借東風」。

雖然諸葛亮借東風只是傳說，但從赤壁之戰看，長江江面盛吹東南大風，到後來曹軍敗走華容道又遇上傾盆大雨，這在天氣形勢上看是完全可能的，很像「鋒面氣旋」的天氣，也有可能是由於受到移動中的閉合高氣壓中心影響時，風向順時針旋轉的結果，這個時候的東南風持續時間很短，往往被人們所忽略，但被諸葛亮所掌握。

在中國的鋒面氣旋春季最多，秋季較少。它是一個發展深厚的低氣壓系統，其中心氣壓低，四周氣壓高。空氣從外圍向中心流動，呈逆時針方向旋轉。所以，處於氣旋前部（即東部）的地方，吹東南風；氣旋後部（西部），吹西北風。氣旋內部盛行輻合性的上升氣流，會造成廣泛的降雨區。因此，當連續吹東南風時，往往預告著天氣將要變壞。在這場鬥智鬥勇的「氣象戰」中，曹操之所以放心採納龐統的連環計，主要是基於他熟知隆冬時的盛行風向是西北風。湖北省

「東風」能借來嗎─赤壁之戰的真相

屬於亞熱帶季風溼潤氣候，這種氣候四季變化明顯：春季陰晴不定、夏季溼熱、秋高氣爽、冬季乾冷。有人根據「中國東鄰太平洋，在夏季，因大陸氣溫高於海洋，低層氣壓相對較低，風由海洋吹向大陸，形成溼熱的東南季風。在冬季，因大陸氣溫低於海洋，氣壓相對較高，風由陸地吹向海洋，形成乾冷的西北季風」這種說法，認為發生於冬季的赤壁之戰不可能刮東南風。

這種說法大致上看起來不是沒有道理，但它概括的卻只是慣例，而非特殊情況。據氣象學專家們說，倘若冬季氣候轉暖，地處亞熱帶溼潤季風氣候帶的蒲圻一帶是完全有可能刮幾場東南風的，即使在隆冬十二月。而據《後漢書・五行志》記載，建安十三年這一年十月「日有食之」──出現了日蝕，天氣十分反常。而且瘟疫流行──正是所謂夏季不熱，冬季不冷，來自東南沿海一帶的副熱帶高壓逐漸增強北上，形成了這一年特有的冬季常刮東南風的奇觀。這也是曹軍不能揮得勝之師渡江南下的一個重要原因。

知道了這些，我們也就能夠搞清楚赤壁之戰的風從何而來了。從現代天氣圖上可以看到，當一個地方受到移動的閉合的高氣壓中心影響時，風向是順時針轉變的。也就是說，當冷高壓開始移到海上，高氣壓後部盛行的東南風就會暫時控制長江中下游地區。由於冬季冷高壓南下過程中移動迅速，尾隨南侵的後一股冷空氣很快又到，所以東南風持續的

時間很短，人們往往忽略。而通曉天文地理的諸葛亮，他的家就住在離赤壁不遠的南陽，長期生活在長江和漢水之間，自然能夠掌握這次東南風出現之前的徵兆，所以他準確地作出了中期天氣預報。西北風只是氣候現象，在氣候背景下是可以出現東南風，這是天氣現象，其實他早就知道十一月二十日至二十二日之間有東南風，並進一步推斷天氣還會更惡化，這是符合天氣演變規律的。

十一月二十日是什麼日子呢？原來那天是冬至之日。地球在圍繞太陽公轉的軌道上有日照時間最長和最短的兩個日子，這會引起地球表面各種氣候的變化，古人雖不了解這麼深層的道理，但卻發現了這兩個轉折性的日子的存在，分別命之為「夏至」和「冬至」，並用「夏至一陰生」，「冬至一陽生」來概括這兩個日子後的氣候變化規律。按照這個規律，冬至之前，如果陰氣旺盛，在長江沿岸表現為西北風，那麼冬至之後，陽氣生長，風向則要發生變化，表現為東南風。諸葛亮正是在隨季節而生的氣候變化規律上大作文章，貪天之功，神乎其神，誤導了周瑜的判斷。有人認為，諸葛亮能知道起東南風的日子，是他事先向漁民了解當地氣候變化的特點而知道的。當然不能排除這一可能，諸葛亮若能這樣做就更好。然而，諸葛亮若是知道了「冬至一陽生」的氣候變化規律，就可以準確的掌握起東風的時間了。

由此可知，諸葛亮善於預測天氣，他是透過預報知道這

「東風」能借來嗎─赤壁之戰的真相

一天有東南風的,根本就不是「借」來的,這不過是他在氣象學方面知識的一次實際應用而已。諸葛亮善於在作戰中利用季節條件、氣候條件,善於利用隨季節而發生的氣候變化規律;他能想別人所未想,知天之情,巧奪天工,故能得「天」之助。

據科學家研究,三國魏晉時期處於中國第二個寒冷期,但氣溫並不會低太多,江水沒結冰就是證據。因此,西元208年的冬天依然可能出現東風或者東南風,只不過機率稍低,但每月有4到5天應該不成問題。但統計赤壁近30年的氣象資料,東南風出現的機率只有3%,南風是4%,東風是7%,合計起來也只有14%。11月的主導風向是東北風,東南風出現的機率更小。可見「借」東風,雖符合天氣演變規律,但機率很小。這個故事既是事實,也有文人的筆下生輝。

黃河改道「沖」出的好漢故事
—— 滄桑梁山泊

黃河改道「沖」出的好漢故事─滄桑梁山泊

《水滸傳》自明代成書至今，書中英雄好漢的故事一直膾炙人口，也使得大多數人認識了「滸」這個不太常用的生僻字。但如果問起「滸」的意思，恐怕就知者甚少了。「滸」是「水邊」的意思，從字面上來講，《水滸傳》的意思就是「水邊的故事」。那麼問題來了，這裡的「水」是指哪的水呢？有人說這個問題很簡單，不就是「梁山泊」裡的水嗎？但如果你到今天的山東省梁山縣看一看，是沒有梁山泊的。那麼，《水滸傳》裡的「八百里梁山泊」是否屬於空穴來風呢？如果梁山泊真的存在過，它裡面的水是從哪裡來的呢？為什麼後來又消失了呢？又是什麼時候消失的？

據有關文獻記載，從五代到北宋末，滔滔的黃河曾經有三次大的決堤，滾滾河水傾瀉到梁山腳下，並與古鉅野澤連成一片，形成了一望無際的大水泊，號稱「八百里梁山泊」，即《水滸傳》中所描繪的「港汊縱橫數千條，四方周圍八百里」的梁山泊。當年梁山好漢正是憑水泊天險「嘯聚山林，築營紮寨，抗暴安良，殺富濟貧，替天行道」，演出了一幕幕驚天動地的俠義故事，一部《水滸傳》名揚天下，水滸英雄舉世聞名。800多年過去了，由於黃河多次潰堤分洪改道，「八百里梁山泊」泥沙沉積，於是梁山周圍湖泊變成了耕地。

如此說來，梁山泊裡的水，也就是《水滸傳》裡的「水」，就是黃河之水。「黃河之水天上來，奔流到海不復

回!」梁山泊的主要水源是黃河,歷史上梁山一帶的滄桑鉅變,也是因為黃河!故事就要先從黃河說起。

■ 黃河改道「沖」出的好漢故事─滄桑梁山泊

黃河 6 次影響巨大的改道

　　黃河，古稱「河」，是華夏民族的搖籃。它記載著中國的悠久歷史，孕育了浩瀚無比的民族文化，其博大精深難以簡單表達。黃河是中國第二大河，發源於青海省巴顏喀拉山北麓的約古宗列盆地，流經青海、四川、甘肅、寧夏、內蒙古、山西、陝西、河南、山東等九省（區），在山東省注入渤海，全長 5,464 公里，流域面積 75.2 萬平方公里。流域內有耕地 1.8 億畝，人口 8,959 萬人。如包括下游河南、山東兩省沿河關係密切的地區，總耕地達 2.8 億畝，總人口為 1.57 億人。因此黃河被譽為中華民族的母親河。

　　但是，黃河帶給華夏民族的不光是好處，黃河也帶來很多的災難。歷史上黃河兩岸以水災嚴重而著稱。由暴雨洪水和冰凌洪水造成的水災遍及全河的上、中、下游。據歷史文獻記載，自周定王五年（西元前 602 年）至 1938 年的 2,540 年中，黃河在下游發生決堤的年分多達 543 年，平均約四年半一次。有的一年中決溢多次，總計決溢達 1,590 多次，並有多次大的改道和遷徙。改道最北的經海河至天津入海，最南的經淮河入長江。因此，水災波及黃淮海平原冀、魯、豫、皖、蘇五省區，總面積約 25 萬平方公里。

　　黃河下游河道由於泥沙不斷淤積，形成河床高出兩岸地面的「地上懸河」，一旦洪水破堤氾濫後，往往不再回歸原河

道,而走新闢的河道入海,形成河流改道。每次改道,都會沖毀當地的村舍田園,破壞原有的水系和交通設施等,對人民造成巨大災難。

所以決堤改道是黃河水災一大特徵。據 1959 年的統計,歷史時期有記載的黃河決堤氾濫總計有 1,500 餘次,較大規模的改道有 26 次。在這 26 次較大的改道中,又有 6 次影響巨大的改道,所涉及的地區有現在的河南、河北、山東、安徽、江蘇五省。

1. 新莽魏郡改道

通常認為,《尚書・禹貢》中所記載的河道是有文字記載的最早黃河河道。這條河道在孟津以上被夾束於山谷之間,幾無大的變化。在孟津以下,匯合洛水等支流,改向東北流,經今河南省北部,再向北流入河北省,又匯合漳水,向北流入今邢臺,鉅鹿以北的古大陸澤中。然後分為幾支,順地勢高下向東北方向流入大海。人們稱這條黃河河道為「禹河」。

先秦時期,古黃河的下游河道在冀中平原上游徙漫流,形成多股河道,故有「九河」之稱。這一時期下游河道的河床是比較穩定的,根據考證,在築堤以前,黃河下游河道見於古代文獻記載的有《山海經・山經》、《尚書・禹貢》、《漢書・地理志》三條(以下簡稱《山經》河、《禹貢》河、《漢志》河)。三河皆北流入海。「堤防之作,近起戰國。壅防百川,各以

黃河改道「沖」出的好漢故事—滄桑梁山泊

自利。」由於沒有堤防，每遇汛期，免不了要漫溢氾濫。戰國中期築堤以後，《山經》河和《禹貢》河斷流，改走《漢志》河，河口在今黃驊附近，這是歷史上黃河河口第一次大的變遷。此種情況一直持續到西漢末年。

西漢時，黃河決溢11次，主要是在中後期。漢武帝元光三年（西元前132年），黃河在瓠子（今濮陽西南）決堤，洪水東南瀉入鉅野澤，由泗水入淮，這是西漢最著名的一次決溢，歷時20餘年，直到元封二年（西元前109年）才堵塞回歸故道。其後，黃河多有決溢。王莽始建國三年（西元11年），黃河在魏郡元城以上決堤，久不堵塞，氾濫於濟、汴之間長達60年，直到東漢王景治河，才結束這種局面。

東漢永平十二年（西元69年），動員了數十萬人，在王景的主導下，採用修堤、護岸和疏濬等方法進行綜合治理，方固定了河道。史稱，王景與助手王吳「商度地勢，鑿山阜，破砥磧，直截溝澗，防遏衝要，疏決壅積，十里立一水門。令更相洄注，無遺漏之患」。經歷這次治河，「修渠築堤，自滎陽東至千乘海口千餘里」，形成了一條新的河道。一般認為，這是黃河第一次重大的改道。

王景治河以後，黃河進入一個相對安定的時期，原因除了中游地區由農變牧，來沙量減少外，也和這條河道距海較近，地形低下，水流順暢有密切關係。該河道保持了800餘年，至北宋景柏初才開始淤塞。

2. 北宋時期的「二股河」

自東漢以後,由於王景治河疏導得法,特別是因黃河中游的黃土高原一度變農為牧,中原地區生態環境破壞速度趨緩等原因,黃河出現了700年左右的長期安定的局面。

自唐中期以後,黃河氾濫日益嚴重。五代初年,黃河決堤即不絕於史。五代數十年間,黃河不僅因洪水頻繁決堤,而且因戰亂不止,許多軍閥以水為兵,多次人為決堤,以致中原連年水災。

第二次改道是在宋仁宗慶曆八年(西元1048年),黃河又在今河南省濮陽縣決堤,河水氾濫後分為兩脈:

西元1034年7月,黃河從澶州(今濮陽西南)橫隴掃(今濮陽東)決堤,沖刷出一條新河道,稱為橫隴河,從今賓縣以北入海。慶曆八年(西元1048)年河決澶州胡掃(今濮陽東)從今天天津市入海。這就是宋代兩股河的北脈。

嘉佑五年(西元1060年)黃河又從魏縣(今縣東北)、第六掃(今南樂西)決出一股,流經西漢大河故道和篤馬河(今馬頰河)入海,這就是北宋黃河的東派。

其中,大河趨向北脈的時間較長。而且直至宋哲宗元符二年(西元1099年),東流斷絕,全河才都向北脈流去,形成了又一條新的河道。

3. 南宋建炎二年杜充決河改道

建炎二年（西元1128年）冬，東京留守杜充，「決黃河自泗入淮，以阻金兵」，黃河下游河道，從此又一大變。杜充決河的地點，史無明文，學者將其定在滑縣上流的李固渡（滑縣西南沙店集南三里許）以西。決堤以下，河水東流，經今滑縣南、濮陽、東明之間，再東經、鄆城、鉅野、嘉祥、金鄉一帶匯入泗水，經泗水南流，奪淮河注入黃海。此後數十年間，「或決或塞，遷徙無定」。遷徙的範圍，主要在今豫北、魯西南和豫東地區。此次決河改道，使黃河由合御河入海一變而為合泗入淮，長時期由淮河入海。

金大定八年（西元1168年），河決李固渡，於單縣附近分流，「南流」（於徐州與舊河合，經邳州入淮）奪全河十分之六，「北流」占十分之四，開始了兩道分流。此後，大定十一年和大定二十年，黃河先後決原武縣（今原陽原武鎮）王村和衛州（今衛輝）及延津京東埽。至金章宗泰和八年（西元1208年），黃河下游合為一股，自新鄉折向東流，經徐州、邳州，由泗入淮。

據不完全統計，僅在遼宋金時期的370餘年間，黃河決堤氾濫或改道有記載的就達到210餘次。

4. 南宋元軍決黃河改道

黃河第四次大改道是在元代初期。這次改道相比前幾次而言，歷時較久，分支也多。金國行將滅亡時，元軍攻歸德府（治所在今河南省商丘縣），在今商丘縣西北決河，河水奪灘水入泗。稍後元軍又在今開封市北決河，河水奪渦水入淮。

就在這次改道後不久的元世祖至元二十三年（西元1286年），黃河在今原陽、中牟、延津、開封、杞縣、睢縣、陳留、通許、太康等縣15處決堤。據推測，當時黃河在原陽縣內分成三股：一股經陳留、杞縣、睢縣等縣由徐州入泗水；一股在中牟縣境內析西南流，經尉氏、洧川、鄢陵、扶溝等縣，由個安徽北部的穎水入淮；一股在開封境內折而南流，經通許、太康等縣由今安徽北部的渦水入淮。這是黃河歷史上河道遷徙最大的一次。河水共侵奪四條河流（穎、泗、渦、淮）的河道入海。氾濫的河水遍及今河南中部、安徽及江蘇兩省北部廣大地區。

5. 明洪武至嘉靖間河道變遷

在明朝初年黃河的下游河段流經河南的滎澤、原武、開封，根據史書記載「自商、虞而下，由丁家道口抵韓家道口、趙家圈、石將軍廟、兩河口，出小浮橋下二洪」，然後又在經

黃河改道「沖」出的好漢故事—滄桑梁山泊

過宿遷向南流入了淮河。洪武二十四年（1391年），黃河在原原武的黑洋山決堤，向東經過了開封府的北面2.5公里的地方，然後又折向東南，流經陳州、項城、太和、顏上，在東面的壽州正陽鎮流入了淮河「曹、單間賈魯所治的舊河遂淤，主流徙經今西華、淮陽間入穎河，由穎河經穎上入淮。

正統十三年（西元1448年），黃河先是在新鄉八柳樹決堤，漫過曹州和濮州，沖抵東昌府，沖過了張秋，流至張沙灣，破壞了運河航道，最終東流入海。其後黃河又在滎澤孫家渡口，洪水漫流於原武，抵開封、祥符、扶溝、通許、洧川、尉氏、臨穎、鄢城、陳州、商水、西華、項城、太和，沿顏水流入了淮河。二河分流之初，北河勢大，因此在沙灣屢次堵塞不成；景泰四年（西元1453年）以後，南河水勢漸盛，原武、西華皆遷縣治以避水氣時為便利清運，納河南御史張瀾的建議，自八柳樹以東挑挖一河以接舊道，流經徐州和呂州入海。

景泰六年（西元1455年）七月，由於在沙灣將黃河水堵塞，黃河主流復回開封以北，沿歸、徐一路舊道，經宿遷、淮陰入淮。明孝宗弘治七年（西元1494年），黃河發生了第五次重大改道。明初，黃河經常是數條河道並存，都匯流於淮河入海。到明中葉弘治二年（西元1489年），黃河又在開封等地決堤，河水以汴、泗、渦、穎諸河為氾濫時的主要河道而最終匯經淮河入海。但是，當時黃河北決泛入運河的危

險尚存。自明朝遷都北京後，為了確保漕運通暢，明王朝曾多次治理黃河，故有白昂奉命「築陽武長堤」，劉大夏築太行內外兩道護堤，外堤自胙城到虞城，「凡三百六十里」；內堤自祥福到小宋集，「凡百六十里」。嘉靖至萬曆年間，曾四次派人治理河道，取得了明顯的治河成效。此後，整個黃河的水集中經汴、泗水入淮，與淮河並流入海。從而保證了當時漕運河道的暢通和安全。

嘉靖二十三年（西元1544年），由於黃河南岸的故道被全被堵塞，這樣黃河的水便全部的從徐、邳流出，侵入了淮河和泗水入海。到了隆慶六年（西元1572年），黃河南岸的河堤加固，這樣就斷絕了黃河向南決堤的危險，從而使黃河的河道變得比較穩固。此後，黃河歸為一條河道，由開封、蘭陽、歸德、虞城，下徐、邳入淮，一直維持了280餘年。

6. 清咸豐銅瓦廂改道

歷經金、元、明和清代前期，黃河奪淮入海已有五六百年之久，下游河道嚴重淤積，河床已顯著抬高。明清三代都極力挽河趨向東南，從黃海入口，決堤氾濫就多在今豫東、魯西南和蘇、皖兩省的北部，使這裡的地形普遍因淤積而墊高。

清咸豐五年（西元1855年）六月十九日，蘭陽銅瓦廂三堡下無工堤段潰決，到二十日全河全部決堤。銅瓦廂決堤

黃河改道「沖」出的好漢故事──滄桑梁山泊

後,肆意的黃河水折向東北,至長垣分而為三,一由趙王河東注,一經東明之北,一經東明縣之南,三河至張秋穿過了運河,流入了山東境內的大清河。當時清廷忙於鎮壓太平軍,根本就沒有時間來治理黃河,文宗諭示:「現值軍務未平,餉糈不繼,一時斷難興築,……所有蘭陽漫口,即可暫行緩堵」。黃河自此改道東北經今長垣、濮陽、范縣、臺前入山東,奪山東大清河由利津入海。結束了黃河趨向東南、奪淮入海的歷史。

黃河為何屢次改道氾濫?

黃河所以決徙改道,有自然原因,也有社會原因,而洪水量和泥沙量則是造成黃河決徙的主要因素。

首先,黃河連貫青藏高原、黃土高原、蒙古高原、華北高原河道陡降,一瀉千里,到了平原後,水流緩慢,泥沙沉澱,河床不斷升高,容易決溢氾濫。

其次,黃河流域大部分地區的氣候比較乾燥,全年降雨量的70%集中在夏、秋兩季,容易造成山洪爆發,河流猛漲。

第三,黃河高原是黃河泥沙的大本營。陝、晉兩省黃河峽谷兩岸約十萬平方公里的土地,是黃河粗沙的主要出產地。今天黃土高原縱橫交錯的溝壑都有其生成和發展的歷史。

第四,中游地區的植被不斷遭到破壞。戰國以前,山陝峽谷和涇渭北洛河上游處於游牧射獵時代,原始植被基本良

好，黃河下游的決徙也就比較少。漢武帝時，徙民戍邊，山陝峽谷和涇渭北洛河上游地區的人口迅速猛增。中唐以後，過去半農半牧地區迅速發展為農業區，水土流失日益嚴重，溝壑不斷蔓延。

最後，人為影響。從水土流失的情況來看，除了黃土高原本身易於水上流失的自然因素外，人為的自覺和不自覺地亂墾亂伐，從而加劇了水上流失。長期水上流失的結果，使黃土高原支離破碎，千溝萬壑，耕地越來越少，土地肥力減退，農民越來越窮，農民越窮，又越開荒，形成「越墾越窮，越窮越墾」的惡性循環。從歷史上黃河下游決溢災害情況來看，也有一些是人為決溢造成的。

黃河改道以後，下游地區河患次數增多，且規模大，持續時間長，所造成的災禍也就非常慘重。常年持續的河患使得下游地區生態環境遭到嚴重破壞。黃河決堤後，洪水恣意氾濫，巨浪滔天，大面積的草木、莊稼、動物等被淹沒。洪水以及所攜帶的大量泥沙，破壞了下游地區的自然面貌，毀壞了植被，造成水系紊亂、河湖淤積。史料記載，後晉開運元年（西元944年）六月，黃河決堤，在淹沒了今河南北部和山東西南部的廣大地區的同時，洪水開始積聚在梁山周圍，將原來的鉅野澤擴展為了著名的梁山泊；不僅如此，黃河決堤在一定程度上影響了當時政治軍事生態布局的重新排列組合。據《山東黃河志》統計，西元1855年以後，黃河決溢成

黃河改道「沖」出的好漢故事—滄桑梁山泊

災,侵淤徒駭河 45 次,馬頰河 7 次,北五湖 12 次。這不僅削弱了蓄水與排水的能力,還在平地上留下了大片沙地和窪地,惡化了氣候環境,從而加重了下游地區的水、旱災害。水、旱災害進一步造成良田荒蕪、土地沙化,尤其以黃河氾濫造成的土地沙化最為嚴重。黃河潰決之後,由於泥沙的沉積,使大量良田嚴重沙化,危害極大,實與洪水衝擊之害相當。很多地區的土地盡被沙壓,水退之後,一經微風。塵土飛揚迷漫,且五穀不生,野無青草,土質極差。

除土地沙化外,土地鹼化現象也十分嚴重。由於降雨或洪水災害,地下水位升高,在蒸發作用下,鹽分向土壤表層集結,水分蒸發後往往會出現鹽鹼地。黃河決堤後,黃河沿岸或其他低窪易澇地區,由於排水不暢,浸漬日久。形成了大面積鹽鹼地。例如蒲臺蔡家寨鹼地,就是因為黃河改道後河水浸漬及排水不良而形成的,其鹼土層有時深達 30 公分以上。鹽鹼地對農作物的生長極為不利,鹼層淺的土地經過挑溝、翻地等方式改良後,還可以種植豆、麥之類的作物,鹼性較強的地區只能生長蘆葦等,再嚴重的地區只好完全廢棄。

肆虐的洪水使得人口銳減,嚴重阻礙了黃河下游社會經濟的發展。黃河水災不僅奪去千百萬人的生命,破壞社會生產力,而且吞沒了農田民舍等生計設施,使老百姓不能恢復再生產。

一條淹沒過許多家園和夢想，也滋潤了許多沃野和希望的歲月之河，這是一條負載厚重的泥沙，也迴盪著船工們粗聲吆喝的河流，充滿了生活氣息。這條孕育了五千年文明的母親河，已走過了千萬年歷史的變遷。在其中，它經歷了多少，看透了多少，沖來巨浪又淘盡了多少春秋事蹟。歷史，早已無情的在它的河床古道上留下了無數歲月磨合的刻痕。定格的道道印痕中，黃河似在傾說著它的那段昔日複雜的歷史，它擁有的輝煌與苦難共存的過去。

黃河改道「沖」出的好漢故事──滄桑梁山泊

梁山泊的前世今生

據《辭海·梁山泊》:「泊,一作濼(濼是泊的古體)。在今山東梁山、鄆城等縣間。南部梁山以南,本係大野澤的一部分,五代時,澤面北移,環梁山皆成巨浸,始稱梁山泊。從五代到北宋,多次被潰決的黃河水灌入,面積逐漸擴大,熙寧以後,周圍達八百里。入金後河徙水退,漸涸為平地。元末一度為黃河決入,又成大泊。不久又涸。北宋以來,常為民變軍的根據地;相傳宣和初宋江起義,曾屯聚於此。」

這段文字說明了:

(1) 梁山泊的地理位置在今梁山、鄆城等縣一帶;

(2) 梁山泊梁山以南的部分屬於大野澤的一部分;

(3) 梁山泊存在於歷史上的五代到元末;

(4) 梁山泊形成和消失直接受黃河決溢及河道變遷的影響;

(5) 梁山泊是宋江起義的屯聚之地。

關於梁山泊的前身大野澤,《辭海·大野澤》釋:「古澤藪名。又名鉅野。《書·禹貢》:『大野既瀦』。《周禮·職方》兗州:『其澤藪大野』。《左傳·哀公十四年》:『西狩於大野』。即此。故址在山東鉅野縣北,古濟水中流在此通過,向東有水道和古泗水相接。東晉時期桓溫、劉裕曾加疏濬,以利漕運。

唐湖面南北三百里，東西百餘里。五代後南部涸為平地，北部成為梁山泊的一部分。」這裡說的大野澤在唐代的面積，源自《元和郡縣誌》的記載：「大野澤在鉅野縣東五里，南北三百里，東西百餘里」。

上述古籍記載中的「大野」，即大野澤，到西漢時期多改稱鉅野澤，亦稱鉅野澤，據說是大禹治水的產物。在西漢、東漢、三國、魏晉、南北朝直至隋唐時期，因鉅野城的出現，大野澤改成了鉅野澤，這個時期比較穩定，水面稍微有點擴展，位置距梁山大約 15 華里（7.5 公里），在梁山以南。

距今約 7,500 ～ 3,000 年前，地質資料顯示魯西及魯北平原的灰黑色湖沼沉積分布廣泛，說明該地湖沼興盛，反映出當時氣候暖溼。另外兗州、大汶口一帶出土有揚子鱷遺骸，碳 14 定年約在 5,950 年左右。如今揚子鱷出現於較為暖溼的長江下游區域，也能推測當時兗州的暖溼情況。反映出山東氣候變化趨勢是由暖溼轉變為溫乾，這也導致魯地湖泊由盛轉衰。

關於暖期和冰期，氣象學家將中國近五千年氣候變遷史，劃分為四個暖期與四個冰期。需要說明的是，氣候暖溼期不僅多雨導致大野澤擴大，暖溼期更容易導致黃河決堤，使黃河水大量注入大野澤內。《左傳》記載的大野澤約為西元前 722 年到西元前 468 年，屬於第二暖期，大野澤屬於擴張時期。即便到西元元年前後，既漢朝時期，尚有黃河決堤

黃河改道「沖」出的好漢故事—滄桑梁山泊

發生。當然第二暖期的多次決堤，黃河的長期氾濫，會淤積大量泥沙，使澤地升高。

之後就迎來了第二次冰期，大約西元元年到西元600年，大野澤漸漸乾涸，出現梁山泊雛形。約西元600年到西元960年，進入第三個暖期，《禹貢錐指》載：「五代晉開運元年、宋咸平三年、天禧三年、熙寧十年、金明昌五年，河皆決入鉅野，溢於淮泗，自漢以來，衝決填淤凡四五度，高下易形，久非禹亦之舊。」這時梁山泊漸漸進入全盛時期，宋閼之《澠水燕談錄》卷十記：「往年士大夫好講水利，有言欲涸梁山泊為良田。梁山泊古鉅野澤，廣袤數百里，今若涸之，不幸夏秋之季，行潦四集，諸水併入，何以受之？」在暖期後期梁山泊逐漸淤積，地勢抬升。

北宋末年，第三次冰期到來，約西元1000～1200年。梁山泊逐漸乾涸，殘留有東平湖、南旺湖、馬踏湖、蜀山湖、馬場湖。然後就是第四個暖期，大約在西元1200～1400年。殘留的南旺湖沒有變得乾涸，反而更加興旺。《汶上縣誌》記載：「湖多魚鱉荻蔬蒲，居人賴焉。夏秋之間，菱荷錦張，燦若曉霞，遊者似睹江南之勝。」

約西元1400～1900年，第四冰期到來。特別是萬曆十四年（西元1586年）到萬曆十八年，連續5年乾旱，又崇禎十二年（西元1639年）到順治元年（西元1644年），連續6

年乾旱。明景泰初（西元1450年），尚餘「周八十里」。到景泰六年，「河流北出濟漕，阿鄄曹鄆間田出沮洳者，百數十萬頃。」殘留湖南旺湖愈來愈乾涸。在民國初年，湖區已多為農田。唯一尚在的只有東平湖。

梁山泊的存廢興衰，是一個非常複雜過程，和黃河的變動息息相關。

黃河下游河道是一條很容易堆積的河道，一般說黃河「善淤、善決、善徙」，善決由於善淤，善徙是由於善決，這是淤、決、徙三者的因果關係而「善淤」是其中的關鍵環節。所以，從西元前132年黃河首入大野澤行洪，到北宋真宗天禧四年（西元1020年）黃河大遷徙第二次入梁山一帶算起，相隔一千多年，大野澤由於不斷得到黃河水的大量補給，同時大量的泥沙淤積，澤面發生不斷向北推移的變化，逐漸形成了以梁山為地標的積水湖泊。

據《資治通鑑》記載，後周顯德六年（西元959年）二月，「命步軍都指揮使袁彥浚五丈渠，東過曹、濟、梁山泊，以通青、鄆之漕」。可見，五代末已不再稱大野澤，而直接稱「梁山泊」了。

從五代到北宋，由於長期戰亂，黃河因失去治理而頻繁決堤。據史料記載，宋初從建隆元年（西元960年）到太平興國九年（西元984年）的25年間，黃河只有九年沒有明顯的

黃河改道「沖」出的好漢故事—滄桑梁山泊

決溢記載，其餘年分都是多處潰決。此後黃河下游河道越來越不穩定，一直到北宋末年向南大改道的 140 年間，有記載的主要決溢年分就有 35 年，並有一年數決和多年不能堵復的記載。

在五代以後的決溢中，於滑、澶、濮、魏等州河段南決，黃河水一般都要沿濟水、濮水故道流入「梁山泊」，水量十分浩大。按《宋史·楊戩傳》的說法，「梁山泊，古鉅野澤，綿亙數百里，濟鄆數州，賴其蒲魚之利。」這就是《水滸傳》上描寫的「周圍港汊數千條，四方周圍八百里」，「山排巨浪，水接遙天」的情景。

梁山泊形成以後，歷經幾百年之久，至元末逐漸消失。在此期間，情況變化很大，依水勢盛衰大致可分為兩個時期。

從北宋熙寧十年（西元 1077 年）到金大定二十年（西元 1180 年），梁山泊成為黃河河道。黃河從澶州曹村向東匯入梁山泊，自梁山泊分為兩派：一合南清河入於淮，一合北清河入於海。這一時期，梁山泊水勢盛大，時有「梁山泊八百里水」之說（邵博《邵氏聞見後錄》卷三十）。據史志和有關資料記載，宋時的梁山泊南到今鉅野縣城北 10 公里處，東南到嘉祥梁寶寺一帶，東到梁山東北 10 公里處，北到梁山北 35 公里的斑鳩店一帶，西到今黃河十公里，方圓（周長）約 200 公里，面積達 1,500 平方公里左右。

南宋建炎三年（西元1128年），「杜沖決黃河，自泗入淮，以阻金兵」。這時期正當黃河從北流轉向南流奪淮入海時期，《金史·河渠志》只簡單地記載：「金始克宋……數十年間，或決或塞，遷徙無定。」事實上，一直到金末元初，黃河下游常處在多股並流，「水東南行，其勢甚大」，北流從微到絕，有時奪穎、渦、灘、汴分流入淮，有時又沿濮、濟奪泗由最東的一條入淮水道獨流入海，這是黃河最不穩定的時期，也是梁山泊從盛到衰的時期，水至則「漂沒千里，覆成澤國」，水退即「涸為平陸，安置屯田」。如大定六年（西元1166年），河決陽武，由鄆城東流匯入梁山泊；大定八年（西元1168年），「河決李固渡，水潰曹州城」，「分流於單州之境……新河水六分，舊河水四分……」（《金史·河渠志》）。但到大定二十一年（西元1181年），因「黃河已移故道，梁山泊水退，地甚廣，已嘗遣使屯田」（《金史·食貨志》）。

到了金明昌五年（西元1194年），黃河從今河南省陽武決堤，在梁山泊分流，北流入渤海，南流入黃海，達十年之久。

元世祖二十五年（西元1288年），黃河在今河南省原陽決堤，致使黃河全部奪淮入海，梁山一帶被淤平。

元至正四年（西元1344年）5月，黃河在今山東省曹縣西南白茅堤決堤，「濟寧、曹、鄆間漂沒千里」，梁山一帶水勢一度盛大，但為日不久。

黃河改道「沖」出的好漢故事─滄桑梁山泊

　　此後，梁山一帶逐漸失去黃河水的大量補給，由於多次黃河行洪，泥沙淤積，水面大大縮小。到朱元璋時期，梁山一帶僅剩下幾個離開梁山的分散的小湖，只是在黃河洪水氾濫情況下，涸出的耕地又遭淹沒災害而已，已不再是常年積水的八百里梁山泊了。

　　明洪武二十四年（西元1391年）黃河「決原武黑洋山」，水漫梁山一帶，安山湖與會通河一起被淤平。但是，安山湖一帶仍是低於周圍地面的一片窪地。所以，明永樂九年（西元1411年），宋禮重浚會通河，興建南旺分水樞紐，正式設置山湖水櫃，作為南旺諸湖的補水來源。但此時，作為元代安山湖主要水源的汶水已「盡出南旺」，必須另闢水源。

　　封丘府西南黃河上有荊隆口，又名金龍口，為著名決堤處，黃河在此處決堤常循濟水故道犯梁山一帶，宋禮設置安山湖水櫃，就是循此故道引黃河水入安山湖為水源的。時安山湖「蓄水最盛，並建兩閘，出水濟運」。

　　明弘治十三年（西元1500年）「踏四界周長八十四里三分」。萬曆十六年至十七年（西元1588～1589年），「築安山湖堤四千三百丈」。自明中葉，「許民耕種，然低窪之區周三十八里，湖形尚存」。明泰昌元年（西元1620年），重修水櫃，「諸湖水櫃已復，安山湖且復五十五里」，「建有八里灣、十里堡、蛇溝、通湖四閘濟運。明末淤廢」。

清康熙六年（西元1667年）又曾議開柳長河，引魚營陂水，復設安山湖水櫃，旋議停止。原因是有疏稱以無源之水蓄之有漏之湖，又進水容易而出水難，縱高築堤岸，難以濟運。此後安山湖水櫃僅有「洩運入湖，以保運堤；放坡水入湖，以保民田」的作用了。清康熙十八年（西元1697年），「靳輔提請安山湖聽民開墾佃種，輸租充餉，此水櫃遂廢。凡開地九百餘頃」。是年，墾田起科（徵賦稅）。雍正三年（西元1725年），內閣學士何國宗查勘運河，又建議將安山湖水櫃復舊，重築湖堤。次年並建一湖閘，曾用以宣洩運河大水入湖數次；並重修明永樂九年建的似蛇溝閘，洩湖水入運。又於八里灣、十里堡兩廢閘之間重修一安濟閘，也洩湖水入運。各閘下均設支河通入湖心。湖南六堤口也各建閘，收納坡水。

　　雍正十一年（西元1733年），河南金龍口黃水漫溢，又淤安山湖，遂全失濟運功能。十三年，山東巡撫嶽浚說：「湖水無源不能作水櫃。形如碟，存水不久即涸，請停有關工程。」得以批准。乾隆六年（西元1741年），將湖地分給貧民認墾。乾隆十四年（西元1749年）升科納糧，安山湖全開墾為農田。

　　柳長河後來成了僅用以排梁山一帶雨澇水入安山窪地的坡水河，並且河形淺窄，排水量很少，兩岸多受澇災。

黃河改道「沖」出的好漢故事—滄桑梁山泊

在清朝咸豐五年（1855 年），黃河在銅瓦廂決堤，決堤之後，黃河拋棄了流淌了 700 餘年的南流河道，浩浩黃水北轉而去，在東阿附近奪大清河入海，這是黃河黃河歷史上的又一次重大變遷。這條河道也就是今天的黃河。由於原本的大清河河道狹小，「深闊不及黃河三分之一」，不能容納黃河的水量，因此稍有大水，便蔓延四溢，溢出的洪水在原安山湖地區彙集，將小小的湖泊再一次擴大，因為新生成的湖泊大部分位於東平縣境內，因此名之曰「東平湖」。

東平湖形成以後，由於經由清河門和十里堡以下山口與黃河相通，黃河水帶來了大量泥沙淤積在進出口一帶，壅高了蓄洪水位，使湖水向外排泄日益困難，湖底水位增高，淹沒範圍逐漸擴大。當地民眾為了防止黃河、汶河洪水災害，先後自發建築了許多堤壩，將水勢臨時限制在了一定範圍——「西以運河西堤為界，東沿運河東堤至安山鎮經舊臨黃堤（即安解民埝）與清河堤相連」的以北地區。

1938 年 6 月，黃河大堤因為戰事而被炸開，黃河又改道南流奪淮入海，山東黃河斷流，東平湖基本上呈現乾涸狀態，大部分被墾為農田。1947 年 3 月 15 日大堤合龍，黃河全部回歸故道，於 3 月 18 日流入東平湖與汶水交會。由於山東黃河堤防多年失修，破壞嚴重，東平湖區原有堤防除老運河兩岸運堤外，其他由地方民眾修建堤壩則因黃河南徙期間大部分土地乾涸還耕，導致堤壩損毀殘破，雖經倉促整修

堵復，但工程標準很低。及至 1949 年汛期，黃河連續出現洪峰，到 9 月 14 日又出現流量每秒 12,300 立方公尺的洪峰，水位超過 1937 年洪水 1～1.5 公尺，遭淹沒的面積達 2,000 平方公里，影響耕地 150 萬畝，災情異常嚴重。

經過上述自然滯洪後，對減輕黃河下游洪水威脅及保障堤防安全發揮了顯著的作用，所以，1950 年 7 月，黃河防汛相關單位將東平湖和梁山一帶確立為黃河自然滯洪區。

梁山泊的形成與消亡既與黃河變化及人類活動有關，也和溫暖、乾旱的氣候有關。古代較為暖溼的氣候使黃河水勢增加，以及決溢發生機率更高，進而形成八百里梁山泊；近代較為冷旱的氣候導致黃河水勢減小，決溢次數減少，導致梁山泊乾涸並分為幾個小湖泊，最終消失，只留一個東平湖存在。梁山泊的演變過程，是當地氣候由古至今相對逐漸變乾的一個縮影。

● 黃河改道「沖」出的好漢故事——滄桑梁山泊

梁山好漢的歷史真相

梁山好漢的故事代代相傳,梁山英雄有血有肉,栩栩如生、呼之欲出的形象千百年來不知打動了多少讀者,他們豪俠仗義、除暴安良、替天行道的英雄壯舉,成為歷史上對讀者影響深遠的英雄人物。

梁山泊是這些好漢故事的最重要發源地。梁山泊原是個很小的湖泊,後因從五代到北宋黃河多次氾濫改道,使它與四周的許多小湖泊匯流成一片,到北宋末年便形成橫貫八百里水域的大湖泊。由於其流傳甚廣,被很多人認為是真實的歷史故事,歷史真相反而被淹沒了。那麼,真實的歷史是什麼樣的呢?

由於梁山泊是港汊交錯,蘆葦縱橫八百里域的大湖泊,湖中港汊交錯,蘆葦縱橫,並有許多天然小島,形勢險要複雜。當時許多破產農民、漁民以及一些被政府通緝追捕的逃犯遂藏匿於此,成群結隊,靠進行一些「非法」活動維生。有若干股勢力日益增大,人數愈聚愈多,到北宋末年更掀起了多次反抗官府腐敗、盤剝與壓迫的武裝鬥爭和民變。宋江起義軍就是其中的一支。

宋江起義規模到底有多大,從有關史書如《宋史·侯蒙傳》、《宣和遺事》等記載,只有36人。據郎瑛《七修類稿》

載，這 36 人為：宋江、晁蓋、吳用、盧俊義、關勝、史進、柴進、阮小二、阮小五、阮小七、劉唐、張青、燕青、孫立、張順、張橫、呼延綽、李俊、花榮、秦明、李逵、雷橫、戴宗、索超、楊志、楊雄、董平、解珍、解寶、朱仝、穆橫、石秀、徐寧、李英、花和尚、武松。近代人對此也有過詳細的考證。

史書記載宋江起義有 36 位英雄，為何到了《水滸傳》卻變成 108 位呢？郎瑛在《七修類稿》中說得很清楚：「貫中欲成其書，以三十六為天罡，添地煞七十二人之名。」這才有了梁山 108 位好漢之說。透過前面的敘述，我們也可以這樣說，除了史書記載的 36 人之外，剩下的 72 位好漢，是黃河改道「沖」出來的。

宣和元年宋江正式起義後，不久便離開了梁山泊，轉戰山東、河北、河南之間，「橫行河朔、東京，官兵數萬，無敢抗者。」宣和三年（西元 1121 年）二月，宋江率領起義軍由沭陽乘船到海州（今連雲港），海州知州張叔夜派上千名官兵埋伏在海州城郊，用輕兵臨海挑戰，引誘起義軍棄船登陸。義軍登陸後，旋遭伏兵包圍，張叔夜派兵燒了義軍的船隻。起義軍陷入重圍，退路已斷，損失慘重。在走投無路的情況下，宋江率眾投降了宋朝官兵，並接受朝廷的招降，成為宋軍中的一員。

黃河改道「沖」出的好漢故事──滄桑梁山泊

　　宋江接受招降以後，又做了些什麼事情？關於這一問題在史學界有不小的爭論，主要圍繞宋江有沒有去征方臘的問題展開。方臘起義是與宋江起義幾乎同時發生的一次民變，從起義規模上講要比宋江起義大得多，影響也大得多。關於宋江投降後被宋朝派去鎮壓方臘一事，許多史書中有明確記載，如李燾的《續資治通鑑長編》、楊仲良的《通鑑長編紀事本末》、《三朝北盟會編》、《皇宋十朝綱要》，都明確記載宋江投降後隨官兵前往鎮壓方臘起義，宋江從民變領袖變成了屠殺民變的劊子手。但1939年出土了《宋故武功大夫、河東第二將折公（可存）墓誌銘》，這就是史學界都知道的《折可存墓誌銘》。墓誌銘中明確記載宋江未去征方臘，折可存是在征方臘勝利後才逮住宋江的，同是史料，孰真孰假，史學界爭論不休。就史書記載來看，當時的作者都是一流的史學家，基本上是當時人寫當代史，宋江投降、征方臘都屬於當時的重大歷史事件，記載自不會有誤，反倒是折可存墓誌銘記載可能會失真。因此，我們認為宋江的確是投降了，並充當了宋朝的馬前卒，參與鎮壓了方臘民變。

　　宋代是中國歷史上發生民變次數最多的朝代。有宋三百多年，民變大大小小有數百次之多，宋江起義只是其中規模與影響都較小的一次。但因南宋時編印出版了《宣和遺事》，把宋江起義史事演義化、故事化；明初又出現《水滸傳》，將宋江起義故事描述得更加生動感人，因而使這次本來規模與

影響都較小的民變產生了極大的影響,廣泛流傳於民間,以至家喻戶曉、人人皆知。但是,小說雖與歷史有相關,但畢竟不一定是同一回事,這是我們看《水滸傳》時所要注意的。

儘管小說家言與歷史的真實有一定出入,但這絲毫不影響《水滸傳》這部古典名著成為華語文學史上燦爛奪目的奇葩,而作者施耐庵也同樣堪稱為華語界偉大的文學家之一。

近年來,隨著《水滸傳》被翻拍成影視作品,許多人都知道「路見不平一聲吼」的好漢精神,但已經沒有多少人去關心其本來的歷史面目。

● 黃河改道「沖」出的好漢故事─滄桑梁山泊

氣候也是反海盜利器
—— 維京人消失之謎

氣候也是反海盜利器──維京人消失之謎

「氣候變化研究也許是索馬利亞海盜的其中一個受害對象」2011年,科學家發出這樣的警告。美國佛羅里達州立大學的氣象學家肖恩・史密斯(Shawn Smith)說,索馬利亞低氣壓是驅動印度洋季風的重要因素,而印度洋季風又影響著印度次大陸的天氣,但如今,由於海盜活動猖獗,氣象研究人員或船隻無法靠近亞丁灣以獲得重要氣象資料。據統計,2008年,索馬利亞海盜攻擊往來船隻事件共111起,2009年增加到217起。至今,往來船隻被建議至少遠離索馬利亞海岸600海里,那些在亞丁灣航行的船隻也被建議在有軍艦的通道航行。據悉,在亞丁灣航行的船隻大部分攜帶著記錄風力或者其他氣象狀況的儀器。如今,由於遠離索馬利亞海岸航行,使得大約250萬平方公里的區域的天氣狀況紀錄成為空白。

索馬利亞海盜妨礙了氣候變化研究,但歷史上,氣候還曾經是反海盜利器!這得先從維京人說起。在中世紀中葉之前的幾個世紀裡,有一支來自北方的民族縱橫歐洲;在大航海時代來臨的幾百年前,就曾有一個民族的船隊到達了美洲;西元9世紀之前,北大西洋上的冰島和格陵蘭島都還是未開發的土地,直到它們被這個民族發現;他們是航海家,也是侵略者;是商人,也是海盜;是出色的水手,也是英勇的戰士;這個民族,是英雄和戰鬥的民族,它的名字,叫做維京。維京民族,一個似乎只在傳說中存在的民族,然而卻真真實實的存在著,存在於斯堪地那維亞的風雪和嚴寒中。

「海盜」的代名詞

「維京」這個名詞來自北歐的「維克」(Vik)，意思是「港灣」、「小海灣」。由於歐洲中世紀史上波瀾壯闊的「海盜活動」，諾曼人中的一支又被稱為維京(Viking)人，意思就是侵略峽灣臨近國家的人。從此以後「維京」便被當成了「海盜」的代名詞，維京人就是「北歐海盜」。

中世紀早期的斯堪地那維亞地區雨雪交加，生存環境極其惡劣。只有少數一些地區的土地可供耕種和放牧，資源非常缺乏。斯堪地那維亞本土的居民為了生存，無時無刻都要與大自然搏鬥，因此他們一方面易怒難訓，崇尚勇敢，具有狂暴野蠻的野性，另一方面，也使他們養成了勤勞儉樸、生命力強等優良傳統。由於缺乏資源，他們懂得怎樣最有效利用每一分有限的資源，絕不輕易浪費。這樣的特質讓日後維京人在括擴張時，無論在狂暴的大海中航行，還是向未知世界出發尋找新的居住地，即使在極為艱苦惡劣的環境中也能生活得很好，這應該歸功於他們這種文化和傳統。

在多雨和嚴寒的氣候下，一個小小的耕種失誤，或是一個細微的天氣變化，都將導致收成低下並威脅整個氏族的存亡。當時維京人仍然不知馬鈴薯、甜菜、東方香料、玉米和營養豐富的黑莓是何物，也幾乎不吃肉，他們通常靠魚、粥

氣候也是反海盜利器—維京人消失之謎

以及蠶豆來維持生命。如果這些東西都沒得吃,那就只有樹皮和海藻了。

冬天,維京人在地窖、茅草房或小木棚裡生火取暖,很多房間整天瀰漫著刺鼻的濃煙。這些自然人的人均壽命幾乎不超過 30 歲,每兩個孩子中只有一個能活到 14 歲。結核病或肺炎在當地大為流行,一旦在潮溼寒冷的冬夜染上這些病,生命就宣告走到了盡頭。

面對自然造成的生活困境,維京人無能為力。既然大自然沒有提供更多的眷顧給他們,他們也只好選擇去海上,以此來擺脫生存的困境。也就是說,他們四處征戰,而背後最大的威脅卻來自於大自然。

由於北歐本土資源緊張,人口、土地等生存壓力很大,各個小國之間為了搶奪資源而征戰不休,當地人為了生存和發展,也渴望穿越大海進行探險,與外國進行貿易,尋找新的居住地,這就形成了他們天生的冒險天性和探索精神。

西元 793 年 7 月,在一個溫暖而潮溼的日子裡,英國北海岸一個叫林迪斯芬的修道院被來自斯堪地那維亞的維京人洗劫一空。修士們紛紛倒在血泊中,整座修道院在熊熊烈火中燃燒。緊接著,賈羅居民區遭受了同樣的命運,愛爾蘭的居民也成了他們的刀下冤魂。然後是馬恩島,還有另外幾座修道院。北歐強盜從此開始了他們威震歐洲的掠奪生涯。

在西元 800 年之前,這種襲擊的範圍往往只限於沿海地帶,一般只有一兩艘船的小隊人馬出動,一搶到了財物便迅速地撤走。從西元 9 世紀開始,這種血腥的侵略從沒有計畫的結夥偷襲,發展成一種大規模的軍事行動。維京戰士用閃電式的突襲和極具殺傷力的強攻,來實現他們毫無止境的野心,而且範圍更為廣泛,往西到達冰島、格陵蘭島,甚至到達了美洲的梅多灣,往南則到達了北非的內柯爾。當財物被洗劫一清之後,維京戰士迅速回到船上,像來時一樣,船隊很快消失在浩淼的大西洋上。一支支組織嚴密的船隊便在丹麥、挪威和瑞典相繼誕生,他們在野心勃勃的國王和軍事首領的指揮下,開始了大規模的對外擴張和殖民 —— 侵略別國,索取貢品和贖金,掠奪土地。

　　「上帝啊,保佑我們逃過北歐人的暴行吧!」幾年後,這句廣為流傳的祈禱詞描繪了西歐近海城市人們幾近絕望的心情。人們用豎著兩隻牛角的頭盔來象徵北歐海盜,表達他們對血腥殺掠的恐懼。這個形象一直沿襲至今。

氣候也是反海盜利器—維京人消失之謎

北極圈內的老巢

距今 1,000 多年前，在西北歐的海岸線上，有一群叱吒江湖的北歐海盜，他們在歐洲各地從事劫掠活動。這就是被稱為「北歐海盜」的維京人，根據地在今天的格陵蘭島一帶。據歷史文獻記載，這裡曾經繁華一時，在其鼎盛時期，島上有 280 多個聚落，人口達數千人。格陵蘭島是維京人繁衍生息的第一個落腳點，也是他們最終毀滅的地方。從西元 10 世紀開始，這個島一直是維京人出發向北極地區探險的基地，這種狀況一直持續到 14 世紀，最後一個維京人營地從島上消失為止。

然而，今天，我們實在無法把眼前這個冰冷的島嶼與當年的繁榮景象聯想在一起。它 80％ 的面積位於北極圈內，85％ 的面積長年覆蓋著厚厚的冰層，當地人戲稱凜冽的寒風足以把人的眼球凍住，把舌頭變成僵硬的肉塊，人們出海狩獵不能超過半小時。這樣的苦寒之地在維京人時代，為何會如此繁榮昌盛呢？研究人員提供的答案讓我們大吃一驚：當年的格陵蘭島絕非苦寒之地，而是一個溫暖的島嶼。

在對樹木年輪、冰芯和深海沉積物等的研究資料中，科學家發現：在格陵蘭島變暖的同時，英格蘭和歐洲中部的夏季平均溫度同樣比現代高攝氏 0.7～1.4 度。這些暖化現象，

出現在西元 900 年到 1300 年間，當時歐洲正好處在中世紀，因此科學家稱之為中世紀溫暖期。

通常來講，地球氣候必須經過十萬年的漫長漸變過程，才能由冰期到間冰期輪迴一次，這樣看來，歐洲中世紀暖期的出現似乎有些不合常理。因為它距今才 1,000 多年，正好處在第四紀間冰期氣溫回升的過程中，理應比在同一地質時期的今天更冷。究竟是什麼讓它有 400 年溫暖宜人的氣候呢？

科學家為我們還原了格陵蘭島當年的盛況。這裡氣候溫暖，土地肥沃，遍布大片茂密的森林。西元 920 年，維京人陸續在此定居，他們在北極圈裡種植大麥等農作物，靠農耕和捕魚為生。除了傳統產業之外，維京人還憑藉精湛的造船工藝，開拓海上航路，與歐洲各地通商，有些人就此當起了海盜維生……可以說，維京人就是中世紀溫暖期的最佳「代言人」。

西元 986 年，艾瑞克‧托爾瓦德森（Erik Thorvaldsson，即著名的「紅鬍子」艾瑞克）率領一支由 14 艘船組成的船隊踏上了這座島嶼，船上男女老少數百人，還有一大批牲畜。此前，這些移民把格陵蘭島想像成人間樂土，因為「格陵蘭」的意思是「綠色的大陸」。然而移民們不久就發現，這裡其實是一塊不怎麼好客的土地，坡谷溝壑只被薄薄的一層歐石楠（一種極地植物）所覆蓋。他們怎麼能在這樣貧瘠的土地上生存下去呢？於是人們遷怒於「紅鬍子」艾瑞克，把他趕出團體，艾瑞克不久便死於流浪途中。

氣候也是反海盜利器──維京人消失之謎

維京人最初登上格陵蘭島時生活非常艱辛，入不敷出，缺衣少食。這裡的麥子還沒金黃成熟，夏天即已逝去，他們得不到足夠的糧食；島上的環境不容喬木扎根，他們找不到能蓋房子的木材；帶來的鐵器也逐漸消耗殆盡而得不到補充。維京人不得不另謀生路。所幸這裡有豐富的狩獵資源：獨角鯨的長牙、海象的牙、北極狐和北極熊的皮毛，這些都可以用來和舊大陸做貿易交換。但這種貿易往來並不頻繁，只能在一年之中氣候宜人的季節往來一兩趟，生活在格陵蘭島真像是不折不扣的流放。

溫暖期結束之後，冰期到來，北極圈內維京人的生活受到了極大影響。現在的世界上已經找不到維京人部族。維京人的結局不外乎三個：遷入別人地盤、留在故鄉或是向西北開拓。

遷入別人地盤（如英、法、俄等）的維京人，迅速同化在當地民族當中。他們雖然強悍，但人口太少，所以他們的傳統消失得相當快。

留在故鄉的後來逐步演化成今天的瑞典人、挪威人和丹麥人，他們接受了基督教和歐洲的主流文化，自己的民族特質所剩無幾。

而向西北開拓的維京人則命苦得多。西元 1197 年起，隨著氣候變冷，可資利用的資源趨於枯竭，維京移民的生計每況

愈下，沿著北極海開闢的殖民地逐步凋零。生長期稍長的主要農作物迅速消失，只剩下少數低產量品種，收成銳減又導致牲畜大量死亡。沿海的漁業也受到寒冷氣候的毀滅性的打擊，沿海貝類滅絕，漁場南移，直至遠得無法捕撈。同時，商路也逐漸被冰封所阻隔。在加拿大的殖民地不受原住民的歡迎，而且需要格陵蘭、冰島的支持，所以很快就沒了下文。

格陵蘭本身是個不太適合生存的地方，鐵和木材都得仰賴進口，移民們硬是靠著捕獵和貿易堅持了數百年，最後還是不得不離開這個第二故鄉；留下來的人則因營養不良和近親繁殖而退化。到 15 世紀末，格陵蘭島殖民地完全消亡，最後的居民是死於瘟疫還是被愛斯基摩人殺死，沒人知道真相。

氣候也是反海盜利器—維京人消失之謎

第一批到達美洲大陸的歐洲人

人們通常認為哥倫布就是第一位發現新大陸的人。實際上，維京人萊夫·艾瑞克森（Leifr Eiríksson）早在哥倫布登陸美洲的 500 多年前發現了新大陸的存在。據說他們是在到達了格陵蘭之後，再向西行，到達今天之加拿大。他們在那裡發現了許多有用之物資，包括木材、葡萄、毛皮等。

中世紀的傳說中，維京人「好運萊夫」（Leif the Lucky）大約是在西元 1000 年前後乘坐一艘帆船橫渡大西洋的。在這次遠航中，萊夫的第一站是巴芬島，繼而他們又發現了第二塊陸地，大地被森林覆蓋著，海灘上白沙耀眼，他們把這塊陸地稱為「馬克地」（有樹的地方），後來歷史學家推測這可能是今天的拉布拉多半島。他們的第三站在紐芬蘭島。這些探險家穿行於冰山之間，在濃霧密裏的海上航行了 3,000 公里，終於找到了世人未知的美洲新大陸。這次探險毫無疑問是航海史上真正的壯舉，它使維京人早在哥倫布之前 5 個世紀就搶先發現並到達了美洲，他們才是第一批到達美洲大陸的歐洲人，並在紐芬蘭島上短暫停留過。

後人一直在尋找維京人到過美洲大陸的證據，據稱西元 1898 年在美國出土的一塊北歐石刻，後來被證實為 1958 年的贗品。1965 年找到的維京航海圖，有詳盡的美洲海岸的輪

廊,後來也被證明是偽造的。直到 1969 年丹麥的一個海盜墓中,終於找到了一枚石製的箭頭,後經測試證實確為美洲的產物,海盜們確實到過北美洲。美國羅德島州紐波特市的紐波特塔就是一處著名的維京遺址。

在維京人的傳說中,有一種神祕的日長石,被舉向空中時,即使是在陰天或太陽位於地平線以下時,也可以顯示出太陽的位置。冰島流傳著一個傳奇故事,故事中的奧拉夫國王訊問西格德(北歐神話中的英雄)如何在陰天或下雪天判斷太陽的位置。法國雷恩大學科學家最新研究發現,這一傳說可能確實有一定的科學依據。

科學家們的實驗顯示,一塊被稱為「方解石」的晶體,能夠判斷太陽的位置,精度誤差在 1 度之內。「方解石」的這一功能可以幫助傳說中的維京人在陰天或夜間辨別方向,從而發揮導航的作用。維京人就是利用光線的折射原理,從而找到自己的真實方位。在北大西洋上,維京人的航線經常會被濃霧籠罩,人們常常迷失方向,這種石頭就可以用來在陰天時確認太陽的位置。這種導航方式可能開始應用於 12 世紀,比歐洲人使用指南針的時間更早。所以有理由認為,維京人比哥倫布(Cristoforo Colombo)還要早數百年發現北美大陸。

萊夫第一次美洲探險帶回了滿滿一船的木料,這激勵了維京人進行更大規模的遠航。先是他的親兄弟托瓦德(Thorvald），接著是他的妹妹和妹夫，這些人相繼出海駛向那塊充滿希望的大陸。但是他們的命運就不如萊夫幸運了，維京人在美洲大陸只待了大約十年之久，就離開了這個物產豐盛的大陸了，原因就是因為印第安人。好勇鬥狠的維京人與他們發生流血衝突，因此導致他們的報復，而這個比維京人更早到達美洲大陸的民族最終也成功把維京人趕出這片豐饒的土地。

神祕消失

　　維京人突然爆發的破壞性,如果氣候變遷是重要因素的話,他們不是因氣候轉冷被迫離開家鄉,而是氣候轉暖,人口大量成長。有歷史學家推測,西元 8 世紀斯堪地那維亞地區總人口近 200 萬人,西元 9 世紀開始,奉行一夫多妻制、生子成群的維京人,因為人口壓力不斷向外擴張。

　　維京人填補了遊牧民族掠奪活動的空白,遭受他們禍害最嚴重的地區,正是遊牧民族的鐵蹄無法抵達之處。維京人搶掠的足跡遍及英國、比利時、荷蘭、義大利、西班牙、葡萄牙、法國、俄羅斯乃至伊斯蘭世界。大不列顛島由於不幸位於維京人出海打劫的航線上,成為被荼毒最嚴重的地區。

　　維京人的搶劫熱潮持續了 300 年,他們甚至比哥倫布早 500 多年登陸北美。不過,等到嚴寒氣候來臨,蒙古人登上歷史舞臺時,在遠離本土的那些北方和西方孤島上的定居點,維京居民都沒有生存下來。

　　維京人的消失與他們的興起同樣迅速而短暫,作為一個民族,他們只存在了大約 450 年。近代的一些研究結果表明,維京人的神祕消失與氣候有關,表現在下列兩個方面:

　　1. 大範圍的氣候突變。根據 1998 年對格陵蘭島大陸冰川進行的鑽探取樣,人們發現西元 1343 年到 1362 年間,島上

氣候也是反海盜利器──維京人消失之謎

的年平均溫度有一段突然降低的紀錄。由於寒冷,陸上冰川向南延伸侵蝕土地,並攜帶大量沙礫堆積在維京人的牧場、莊園裡。冰川消退後,維京人生存繁衍的土地變成貧瘠的荒地。丹麥考古學家葉特‧阿內博格(Jette Arneborg)則認為,西元 1402 年在斯堪地那維亞半島爆發的鼠疫奪走了挪威三分之二的人口的性命,這種可怕的傳染病殃及格陵蘭島,毀掉了島上 30% 的生命。

2. 食物結構嚴重失衡。當 14 世紀維京人滅亡時,他們的食物 80% 來自大海;而剛到達格陵蘭島時,海產品在他們食物中的攝取比例僅為 20%。在寒冷地帶逐漸增加食肉量似乎是人類生存的本能,但這將導致人體營養失衡,從而引起身體病變。

當然,除了氣候之外,還有其他方面的原因,但那不在本書的探討範圍內。

如果說維京人曾是「海盜」的代名詞的話,那麼氣候也曾經是反海盜利器。

日本人的「神風」
—— 戰爭神話背後的氣候事實

日本人的「神風」—戰爭神話背後的氣候事實

2015年5月13日，傳出一則引發國際關注的消息：日本擬為「神風特攻隊」申請世界文化遺產登錄。位於日本南九州的「知覽特攻和平會館」，收集了約1.4萬份敢死隊員的遺物，並且連續兩年要為這些遺物申請「世界記憶遺產」，引起廣大討論。其實，這已經不是日本第一次申請了，在2014年，日本就向聯合國教科文組織提出將「神風特攻隊」隊員的遺書列為世界記憶遺產的申請，被無情否決，但日本人並不死心，說兩年後還要提出申請。兩年的時間還沒到，日本再度提出申請。

日本之所以要將神風特攻隊申請為世界文化遺產，還有一個鮮為人知的原因，就是島國氣候賦予了日本人特有的「神風」情結。說起日本人的「神風」情結，還要從什麼叫「神風」說起。

「神風」這個詞是因為「神風特攻隊」而為世人所知的。「神風特攻隊」是在第二次世界大戰末期日本為了抵禦美國軍隊強大的優勢，挽救其戰敗的局面，利用日本人的武士道精神，按照「一人、一機、一彈換一艦」的要求，對美國艦艇編隊、登陸部隊及固定的集體目標實施的自殺式襲擊的特別攻擊隊。其實這個「神風」也沒什麼神祕的，不過是日本人對颱風的稱呼。對於這個稱呼，人們或許會感到驚奇：經常造成島國家毀人亡的颱風，怎可與保佑平安的神靈有關呢？原來，西北太平洋的颱風每年4月分開始生成，7～10月更為

頻繁、強烈。它的強大風力既可造成災害性的天氣，但又能替乾旱的夏季帶來豐沛的降水，偶爾還發揮一些意外的保護作用呢！700年前鎌倉幕府時期的日本人，就是受益於颱風的這種「保護」作用，才免去了兩次滅頂之災。

西元13世紀，成吉思汗之孫——忽必烈曾是蒙古帝國的皇帝，他征服了中國南部地區，建立起了一個新朝代——元朝，一統天下。然後，日本群島成了他的下一個目標。忽必烈一心想征服日本，結果卻由於兩場神奇的颱風遭到了挫敗。據歷史記載，西元1274年，忽必烈曾派出一支900艘戰艦組成的艦隊東征日本。離開朝鮮半島之後，忽必烈的軍隊到達了日本九州島南端。在那裡，他們與一萬名日本武士短兵相接。恰在此時，一股強颱風吹向了海岸，毀掉了忽必烈的船隻和軍隊，使元軍全軍覆沒。

7年後的西元1281年，忽必烈聚集了更強的兵力——14萬大軍和1,400艘艦船，打算一鼓作氣收服日本。大自然這時再度出手，一場暴風雨毀掉了忽必烈的船艦，1,400艘戰船最後只剩下200艘。而倖存的士兵則完全無法與相對而言準備得更充分的日本人抗衡，遠征再次失敗。日本神道教僧人一直相信這兩場颱風來自祈禱的力量，因此之後一直喚其為「神風」。

不了解氣象是元軍兩次遠征日本失敗的主要原因。颱風

具有不可抗拒的力量，在當時，颱風掀起的狂濤駭浪可以吹翻任何船隻。中國北部沿海和日本沿海的颱風多數發生在每年的 5 至 12 月，而 7 至 9 月是颱風多發季節。忽必烈對此毫不知情，兩次遠征都選擇在颱風多發季節，從而付出了沉重的代價。故事要先從元軍第一次遠征說起。

日本群島 —— 下一個目標

蒙古帝國自創立伊始，就帶有遊牧民族特有的鮮明烙印，常年逐水草而居的生產不穩定生活方式注定需要不斷對外掠奪來支撐其發展。元朝建立後，蒙古貴族對金銀等貴金屬的需求更無節制，在徹底征服南宋與高麗後，駐守朝鮮半島的蒙古人風聞資源貧乏的日本列島居然出產金銀，於是命已臣服的高麗國王遣使赴日要求日本稱臣納貢。

西元1266年的秋天，忽必烈派遣使節向日本人通報了新朝建立的消息，並請他們向新皇帝進貢。高麗人負責幫助使團橫渡海峽，負責接待忽必烈使團的高麗人試圖勸阻他們執行使命，並警告他們說，日本列島附近的海面風急浪高，氣候惡劣，異常危險。事實上，高麗人根本不想被捲入蒙古和日本的關係之中。高麗人的恫嚇終於奏效，蒙古使者對充滿危險的赴日旅程感到氣餒，於是匆匆返回中國。他們的報告激怒了忽必烈，他也認為高麗人不值得信賴。在西元1267年的夏天，他寫了一封措詞嚴厲的信給高麗王室，斥責他的「屬民」不僅不協助他的使節，反而阻撓他們前往日本。他決心排除高麗人的干擾，再做嘗試。

至元五年（西元1268年），忽必烈派遣黑的、殷洪二人持國書在高麗水兵的護送下來到日本對馬島欲行通好之事，

日本人的「神風」──戰爭神話背後的氣候事實

誰料日本人拒絕接待，兩位使者吃喝斷供，只好怏怏而返。此後數年，忽必烈連續數次遣使要求日本「往來結好」，當時統治日本的鎌倉幕府不理不睬、拒絕回應，忽必烈十分惱怒，他已徹底失去耐心，決定用武力征服桀驁不馴的日本島夷。

直到那時為止，元軍將領還從未參加過海戰。西元1274年夏季，元軍登上了頗為生疏的戰船，從合浦（在現在的韓國釜山附近）出發開往日本。元軍長期習慣於內陸地區的大陸性氣候，對惡劣的海洋天氣一無所知，特別是不知道該季節盛行颱風，其強大的威力極為可怕。

元軍首先在對馬島和一岐島登陸，輕易地擺平了駐守在那裡的日軍。最關鍵的戰鬥將在九州進行。雖然日本人知道蒙古大軍正在靠近，但是他們的準備工作做得還很鬆散。他們的經濟狀況無法在九州維持一支規模可觀的軍隊，他們也沒有一個得以政治統一和集中管理的政府去組織一支強大的軍隊投入戰爭。他們根本無法對付蒙古人的遠程武器，包括十字弓和各式各樣的彈射器。他們的指揮官缺乏實戰經驗，與身經百戰的蒙古統帥無法相比。所以，當元軍在九州東岸的博多登陸時，日本人處於絕對的劣勢。第一晚的戰鬥就使日本軍隊遭受了人員和裝備的重大損失。他們的殘兵敗將更是不堪一擊。潰敗看來是在所難免了，那天晚上，唯一使他們大難不死的是無邊的黑暗。

但大自然為日本人提供了更好的保護。就在同一天晚上，海面突然颳起了風暴。元軍將領打算回到船上，把船開往海上，直到風暴結束，否則，他們的船隻就會與岸邊的岩石相撞而沉沒，那樣一來，他們將失去唯一的撤退工具。一些日本人追擊並殺死了一些正在撤退的元軍。然而，那天晚上元軍遭受的大多數傷亡都發生在海上。此刻元軍還不知道一股颱風正朝他們移來，撤回戰船不到幾個小時，風暴就折斷了他們的桅杆，船被掀得東倒西歪，人被拋到空中然後砸在礁石上，狂風、巨浪和礁石把幾百艘船隻擊成了碎片。根據一些記載，元軍有 13,000 人因此喪生。日本人因這場風暴而大難不死，蒙古人的遠征以徹底的失敗而告結束。殘餘的元軍駛回了老家，向忽必烈報告了這次慘敗。

　　日本人認為，這次颱風絕不是一次意外事件，是從神那裡刮來的保護日本的「神風」，因為他們的土地是受神保護的，日本人從此有了「神風」情結。這次蒙古人入侵的失敗使得日本種族中心主義觀點一度甚囂塵上。對日本人來說，這次颱風說明，神絕不會允許敵人征服和占領他們的疆土。而對於蒙古人和忽必烈汗來說，這次失敗則是毀滅性的，忽必烈一生中還從未遭受過如此慘重的損失。

日本人的「神風」─戰爭神話背後的氣候事實

重蹈覆轍的失敗

忽必烈此前還從未輸掉任何戰爭，這次遠征，他的大部分將士沒有戰死沙場，卻死於天氣，他無論如何也嚥不下這口氣，發誓要率領一支更大的艦隊來完成他已經開始的偉業。為此，他專門成立了「征服日本中書省」。忽必烈此時已征服了南部的南宋王朝。他又向日本派出使者，督促日本人投降。否則就會有第二次戰爭。使者沒有如期望那般受到歡迎，反而都被斬首。日本人預料到蒙古人即將入侵，於是他們沿博多灣修建了一道石牆。

就在日本人加緊修築工事的同時，忽必烈也在召集組建帝國歷史上最大規模的軍隊。他徵用了從中國南部到高麗所能找到的所有船隻，還命令高麗王再建造 1,000 艘戰船。西元 1279 年，忽必烈征服南宋，這使得他的艦隊規模又增加了 3.5 萬艘船。

這次遠征還首次動用了收編來的南宋江南水軍十萬人。元軍集結主力，可謂志在必得。西元 1281 年，南宋降將范文虎率原江南水軍十萬，從今天的浙江寧波一帶渡海抵達日本平戶島。南宋水軍裝備精良、甲冑鮮明，人員訓練有素，可以說是當時世界上最先進、攻擊最犀利的一支水上艦隊。

這支浩浩蕩蕩的海軍打著成千上萬的龍旗揚帆東征，進

入博多灣後，他們遇到一支有著堅固的防禦工事，擅長整體作戰的日本軍隊。日本人的戰術改變大大出乎蒙古人的預料，蒙古人以及他們附屬的高麗和漢軍將士撤退回船上，準備下一次攻擊。

然而太平洋此刻也在蓄勢待發。颱風死亡之眼挾帶著風速每小時超過 125 公里的狂風撲向日本南部，正好趕上元軍隊登船。再浩大的艦隊也抵擋不了劇烈風暴引起的翻江倒海的波濤，船錨斷了，船桅倒塌。龐大的艦船數量反而對忽必烈的軍隊不利，失事的船體殘骸把其他船隻打得粉碎，並封堵了剩餘船隻的出路，填滿沉船的海灣可以讓人徒步而過。

部分將士爬上了高島，渾身溼透，驚恐不已。絕大多數將士則溺死在海裡，沒有溺水而亡的元軍士兵也輕易地被日本人殺死。當最後一個蒙古將領死去時，也象徵著入侵日本的計畫壽終正寢。西元 1294 年忽必烈逝世，後繼者再也不想冒險去挑戰生命。

元軍兩次出兵欲征服日本，均事出意外地遭到慘敗。兩次慘敗，其原因除了地理阻隔與氣候突變，也包含人為因素。整體而言，不是元軍不夠強大，也不是日本軍太過強悍，而是颱風凶猛，人勝不了天。假若沒有颱風突襲，亞洲乃至世界歷史與地緣政治或將被改寫。從此以後元朝再未入侵過日本，忽必烈將征服的欲望和眼光轉移到相對較容易對

付的安南、緬甸、暹羅等國身上。中日之間發生的歷次戰爭，除唐代劉仁軌率軍聚殲覬覦高麗的日本軍取得白江口大捷與明朝軍隊從容擊潰豐臣秀吉的侵朝遠征軍外，之後中國便再未從日本人身上占到絲毫便宜。

日本朝野對突如其來的颱風趕走元軍十分驚喜，在全國展開了大規模拜神的活動。日本神道牧師以及眾多日本人都相信是他們的祈禱帶來了這兩次幸運的風暴，為了紀念保護過他們的神，他們把風暴稱為「神風」。「神風」的威名從此流傳開來，成為日本文藝作品中不老的話題。「神風」對日本的歷史產生了深遠的影響，依此長期與亞洲的其他國家保持了相對獨立，「神風」情結牢牢扎根在日本人的頭腦裡。

揭穿「神風」的畫皮

　　為什麼忽必烈的精銳之師最終會葬身魚腹？7個世紀來，日本人堅信是「神風」從元軍艦隊手中拯救了日本，在天皇被神化的末期，「神風」傳說甚至演變成為了凝聚日本國民信心的救命稻草。然而，真相顯然不會如日本小說中描寫的那般，傳說中的「神風」只是一場颱風。但是，這需要更加扎實的證據證明。

　　英國熱帶風暴專家朱利安‧海明（Julian Heming）專門調查了西元1281年的8月是否有颱風襲擊過日本。在分析了近年來影響當地的颱風之後，朱利安認為，颱風頻繁光顧日本的時候一般是8～10月，如果在這個時候被困在海上無法登陸，元軍艦隊確實很有可能遭到颱風的襲擊。根據種種跡象來看，還可能是有史以來最強大的颱風之一：超級颱風。

　　朱利安‧海明用2003年9月的超級颱風「梅米」（Maemi）移動的路徑，模擬出西元1281年颱風的路徑：颱風形成後向西北移動到日本西南，而此時元軍艦隊就停泊在這裡；當颱風在極短的時間內加速席捲至沿海地區，艦隊已沒有足夠的時間來調整陣型應對，十幾公尺高的海浪若泰山壓頂，艦船被拋向海岸，撞得粉碎。

　　科學家在伊萬里灣尋找更多颱風存在的證據。經過多次的水下調查，他們有了新發現：海底十個木錨繫纜繩的一端都是

日本人的「神風」—戰爭神話背後的氣候事實

朝向海岸，表明有一股強大的力量將船從海洋向海岸拋去。這更加有力地證明了，元軍艦隊很可能的確遇上了一場超級颱風。

第二次世界大戰末期日本侵略者組織的「神風敢死隊」，成了日軍垂死掙扎的最後一根稻草。「神風特功隊」隊員們駕駛載滿炸彈的飛機撞向美軍艦艇，進行自殺行動。美軍雖然遭到一些損失，但日本帝國主義仍免不了滅亡的命運，這次日本想要「神風」保護的幻想最終還是破滅了。

古人由於科學技術的限制，知識有限，往往把一些事情蒙上了迷信的色彩。隨著人們對颱風研究的深入，人們基本上已經弄清了颱風的形成以及行進的規律。人們已能預測並及時預報颱風。颱風是一種特殊而強烈的熱帶氣旋，世界上位於大洋西岸的國家和地區幾乎無一不受其影響。因為影響範圍廣泛，所以它的名稱也是五花八門。西太平洋和南海一帶的氣旋人們俗稱颱風；大西洋、加勒比海、墨西哥以及東太平洋美國、加拿大等國沿海地區稱為颶風；印度洋和孟加拉灣一帶的人們稱之為旋風。不僅如此，很多地區還為它取了許多具有濃郁地方色彩的名稱。

颱風行進的路徑在亞洲東部有三條，它形成初期多在東風波擾動下向西或向西北移動。在菲律賓附近海域轉向，並在琉球群島和日本附近登陸的轉向型颱風，如果不是受西風帶低壓槽前方的副熱帶高壓脊的影響，轉向東北路徑向日本方向前進，就不會有日本人的「神風」了。

狂暴的海洋與帝國霸權
——「無敵艦隊」的覆滅

狂暴的海洋與帝國霸權—「無敵艦隊」的覆滅

西元 1588 年 5 月末（明朝晚期），在碧波萬頃的大西洋上，一支龐大的艦隊正在沿著歐洲西海岸由南向北順風疾駛，繡著基督和聖母像的艦旗在海風裡嘩啦作響。16 世紀雄霸海洋的西班牙「無敵艦隊」正揚著飽滿的風帆高速行駛，浩浩蕩蕩的大軍幾乎占滿整個海面，視線所及之處，無不是氣勢威武的戰艦……新任無敵艦隊海軍總司令米蒂拉·西尼多亞（Medina Sidonia）公爵正佇立在甲板上，他雙眉緊鎖眺望著遠方，身旁圍著艦長和一大群隨從。

西尼多亞統率的這支龐大的「無敵艦隊」，共有艦船 134 艘，船員和水手 8,000 多人，搖槳奴隸 2,000 多人，船上滿載 2.1 萬名步兵。顯然，西班牙人還是停留在海軍與陸軍聯合作戰的戰術上：主要是運用海戰傳統戰法，衝撞敵艦，在隨船步兵強行登艦後，利用精於刺殺的步兵的優勢，進行肉搏，然後奪取英國船隻。

此時的英倫三島已經戰雲密布，風聲鶴唳。龐大的「無敵艦隊」在西班牙海岸集結啟航，排山倒海般地向著英國而來，揚言要水陸並進，毀滅英國。英國的老百姓從未見過如此強大的敵人，不免膽顫心驚。舉國上下陷入一片悲哀之中，即使是宮廷中，投降派也占了主流。不過伊莉莎白一世卻偏偏是個迷戀海洋的女王，她實在不願意窩在幾個小島上，對新大陸上出現的財富視而不見。她召見了最信任的、大名鼎鼎的海盜首領法蘭西斯·德瑞克（Francis Drake）商量

許久,然後信心十足地召開了御前會議,決定誓死抵抗西班牙的「無敵艦隊」,並任命德瑞克為海軍副司令。

就在英國準備血戰西班牙時,出了一個小意外。真是天有不測風雲,西班牙「無敵艦隊」出發 2 天後,就在大西洋上遇上了風暴。狂風惡浪使木帆船失去了控制,「無敵艦隊」這些號稱當時世界最先進的艦船,在巨大的風暴面前變得脆弱不堪。狂風捲起的海浪讓艦船劇烈顛簸,就算是長年生活在海上的水手,也已經感到四肢發軟、頭暈目眩;準備登陸的「精銳陸軍」更暈得像站不住的醉漢,一路上吐了又吐,連站起來的力氣都沒有了。於是,還未與英國人交戰,「無敵艦隊」便狼狽地返港避風,第一次出擊無功而返。

西班牙艦隊的倉皇撤退,無疑給了法蘭西斯‧德瑞克更加充足的準備時間。這位英國人的驕傲,讓西班牙人頭痛的海盜首領即將上演他輝煌的海洋爭霸戰。

西元 1588 年 7 月中旬,因為風暴返港休整後的「無敵艦隊」在氣急敗壞的國王腓力二世 (Felipe II) 的急令下,又進入了滔滔海浪的大西洋,耀武揚威地駛進英吉利海峽。就在其休整的這短短 1 個多月時間裡,英國人的戰備更加完善了。

英軍集結了 197 艘戰艦,載有 9,000 多名作戰人員,全是船員和水手,沒有步兵。英國的戰艦規模雖不如西班牙,但是做了很大的改進:船體變小、速度更快、機動性更強,

狂暴的海洋與帝國霸權─「無敵艦隊」的覆滅

而且火炮數量多、射程遠。這種戰艦既可以躲開西班牙射程不遠的重型砲彈的轟擊，又可以在遠距離對敵艦開炮，以火炮優勢致勝。

此時的西班牙戰艦仍舊是以老式的樓船為主，這種船非常大，上下好幾層，除了水手外，船艙裡還載滿了步兵。火力配備主要以重型的加農炮為主，作戰的西班牙海軍仍舊使用古老的橫列隊形戰術，即是讓艦船肩並肩的前進，用艦首炮轟擊後，再靠近敵船打接舷戰。17 年前，西班牙人就是憑藉著這種戰術取得了勒班陀海戰的勝利，因此想故伎重施。

但此時英國人卻採用了更為先進的戰術。因為英國的戰艦多為船身輕便的快帆船，除了水手外，不帶任何步兵，這種船靈活輕便，更易於轉向和突進，而且完全捨棄了「接舷戰」這種落後的方式。

說起來似乎十分奇怪，在 7 月 20 日這一整天之內，西班牙人都不曾看見英國的艦隊。一直到 21 日凌晨 1 點鐘的時候，他們從幾個俘虜的口中，才知道德瑞克和霍華德（Charles Howard）都已駛出普利茅斯。西尼多亞立即下錨，命令他的各支隊指揮官排列成戰鬥隊形。當他們正在採取這種行動時，月亮升起來了，暴露了他們的位置，讓英國人看得清清楚楚。接著，西班牙人注意到有一支由 8 艘英國船所組成的小隊從普利茅斯港口出來，迎著風向海岸與西班牙艦

隊左舷之間疾駛。他們錯誤地認為這就是英國主力艦隊的前鋒，哪知道霍華德和他的50多艘船，卻順著風向艾迪斯東的西方行駛。

拂曉時，西尼多亞不禁大吃一驚，他發現了大批的英國艦隊，正準備向他們攻來，而且他正處於逆風的方位。他認清現在已經無法避免戰鬥了，於是升上王室的旗幟，這也是全面備戰的訊號。

7月22日清晨，「無敵艦隊」在普利矛斯港外擺開了戰鬥隊形，等著開戰。英國艦隊總司令霍華德勛爵接到西班牙艦隊已逼近的報告後，立即命令：「艦隊出港，逆風行進，搶占敵艦隊上風方位！」在德瑞克的率領下，英國艦隊漸漸駛進了西班牙艦隊，可是經驗欠佳的西班牙艦隊總司令米蒂拉·西尼多亞公爵眼看著英艦隊駛進，居然沒有先發制人地展開攻擊。而英國艦隊剛進入射程，大砲就轟鳴起來，向西班牙艦隊猛烈射擊，海面上掀起一股股巨大的水柱，有的船在猛烈的炮火下燃燒起來。西班牙艦隊也開火還擊，但是射程不足，砲彈距離英國艦船還有一兩百公尺就落在海中。經過幾個小時的混戰，不僅沒有一名西班牙士兵能登上英國的艦船，而且「無敵艦隊」卻有好多艦隻中炮起火，許多戰艦上的官兵傷亡過半。西尼多亞看到自己的艦隊損失慘重，有些失去了決戰的勇氣，決定暫時脫離戰鬥，但英軍卻死死咬住不放，繼續猛追猛打。激烈的炮戰持續了一整天，直到黃昏

狂暴的海洋與帝國霸權——「無敵艦隊」的覆滅

時分,雙方的士兵都水米未進,最後都餓得沒了體力,第一天的戰鬥才宣告結束。

次日拂曉,海上風向逆轉,「無敵艦隊」處在了東北風向的上風頭。西尼多亞大喜過望,立刻下令艦隊全力出擊,希望以多圍少。這次,幸運女神站在了西班牙這一邊,他們的重磅砲彈在海風的相伴下,重創了英國最大的軍艦「凱旋」號。德瑞克幾次試圖搶占上風口,都未能如願,只好且戰且退。這樣,在兩天的交手中,雙方打了個平手。「無敵艦隊」總算挽回了一些面子。

德瑞克決定在7月28日凌晨對「無敵艦隊」進行突襲。據偵察兵報告,離加萊港不遠,西班牙的巴爾馬公爵已經集結了一批精銳的陸軍部隊,等待補給完畢後的西班牙艦隊把他們渡過海峽。只要陸軍在英國登陸,西班牙就會取得策略上的優勢。英國海軍司令霍華德決定抓緊時機,在西班牙海陸軍還沒有會合的時候,把它的艦隊打垮。德瑞克仔細觀察了西班牙艦隊的陣型,發現敵人的艦船過於密集,於是他精心布置了火攻戰術:準備好8艘裝滿乾柴、煤油和火藥的快艇,力圖在風勢和火力的掩護下,全力向敵方中央的指揮船艦猛衝。

28日凌晨,霍華德司令在旗艦「皇家方舟」號的主艙召集作戰會議。因為攻擊的時間緊迫,他決定在艦隊中挑選8

艘 200 噸以下的小船，改裝成縱火船，作為突擊使用。清晨，「無敵艦隊」的哨兵發現幾艘輕裝船隻向他們靠近，因為數量少，因此並沒有太在意。距離不到 200 公尺時，小船上突然發出熊熊火光，藉著風勢飛駛而來，一頭衝進密集的大營中。8 艘快艇在撞進敵陣營後，烈火猛燒，西班牙軍艦有的著火，有的趕忙閃避，頓時亂了陣腳。

英國艦隊步步緊逼，「無敵艦隊」各艦距離越拉越大，秩序更加混亂。英國艦隊各艦配合默契，各式火炮此起彼伏，打得有章有法。海戰一直持續到下午 6 時，突然風向轉變，西尼多亞立刻命令艦隊迅速靠近英國船，同時船上的陸軍全部上甲板，並拿出大量搭鉤，準備登船廝殺。霍華德一見大驚，眼看著西班牙陸軍士兵手中的搭鉤不斷地拋過來，他急忙命令艦隊快速擺脫戰鬥，遠離戰場。霍華德的果斷挽救了英國海軍，他命令德瑞克為後衛，且戰且退，終於脫離險境。「無敵艦隊」見敵人撤退有序，知道也追不上英國人，就趁此機會，退出了英吉利海峽。

7 月 29 日黃昏，米蒂拉‧西尼多亞召集作戰會議，權衡利弊後，決定如果風向有利，應再度設法控制英吉利海峽，否則，別無出路，只能繞道北海，經大西洋返回西班牙。結果，天公不作美，風向始終未變，「無敵艦隊」只得採取第二方案，取道大西洋返回西班牙。

狂暴的海洋與帝國霸權──「無敵艦隊」的覆滅

　　8月初,德瑞克率領的前鋒艦隊又追上「無敵艦隊」,兩軍在海上進行了激烈的會戰,「無敵艦隊」又被打得七零八落,只好全線退卻,在退卻途中,英國艦隊依然緊追不捨。8月6日,「無敵艦隊」抵達法國加萊,停泊在海上,想與駐佛蘭德爾的西軍取得聯絡。由於後者未能及時到達,會師計畫落空,後面又有英艦尾隨,無法等待,只得繼續前進。第二天夜間,昏暗無光,雲霧重重,海面颳起強勁的東風,西班牙船員都已進入夢鄉。英國人巧施妙計,把6艘舊船裝滿易燃物品,船身塗滿柏油後點燃。6條火龍順風而下,向西班牙艦隊急馳而去。頓時,火海一片,「無敵艦隊」陷入一片混亂,在斷纜開航時各船亂成一團,有的相撞沉沒,有的被燒毀,僅剩的船隻則倉皇向西北潰逃。英艦隊乘勝追擊,於8日4時追到格拉沃利訥海域,迫使西艦隊接受決戰。在決戰中,西艦隊墨守過時的橫陣戰術,堅持接舷戰,但艦體笨重,機動性差,難以靠近英艦,且艦炮射程短,不能毀傷英艦。而英國的艦隊司令則指揮有方,艦船機動靈活,艦炮射程遠,始終處於主動地位。到18時,戰鬥結束。西班牙艦隊損失慘重,被迫決定於次日清晨返航。英艦隊當時已將彈藥消耗殆盡,而且風向突變,故未予追擊,全勝而歸。剩下的西班牙艦隻乘著風勢向北逃竄,準備繞過蘇格蘭、愛爾蘭回國。彈盡糧絕的西班牙艦隊,又在海上接連遇到兩次大風暴,有的船隻翻沉了。不少士兵、船員被風浪衝到愛爾蘭西

海岸,被英軍殺死。

8月8日,英國艦隊又糾纏上「無敵艦隊」,以優勢兵力發起攻擊。英艦憑藉強大火力壓制對方,不讓其靠近一步。戰鬥持續到下午6時才以西班牙艦隊受到重創而結束。這一戰,「無敵艦隊」被擊沉16艘軍艦,而英國軍艦雖有一些損傷,但無一被擊沉。

夜色中,「無敵艦隊」集中起殘餘船隻,從北面繞過不列顛群島向西班牙駛去。英國艦隊雖取得勝利,但一些艦艇受創,加上彈藥消耗過大,霍華德命令停止追擊。剩下的西班牙艦艇乘著風勢向北逃竄,準備繞過蘇格蘭、愛爾蘭回國。

當受損的艦隊抵達蘇格蘭西北岸的拉斯角時,遇到猛烈的大西洋風暴掀起的巨浪。戰艦漏水、損壞;船員飢餓、生病,他們孤立無援地在海上隨風漂泊。許多戰艦撞上了岩石;另一些戰艦進水下沉,消失在浪濤之中。許多好不容易登上愛爾蘭海岸的倖存者也被殺死或餓死。據說,僅在愛爾蘭北部沿岸,就有8,000名西班牙官兵葬身海底。到西元1588年10月,「無敵艦隊」僅剩43艘殘破船隻返回西班牙,已經不到原來的三分之一,近乎全軍覆沒。西班牙失掉了100多艘戰艦和1.4萬多官兵後,征服英國的夢想破滅了。

不論是大西洋還是太平洋,都只能容納一個霸主的存在。西班牙「無敵艦隊」的失敗,它為不列顛帝國奠定了海

狂暴的海洋與帝國霸權—「無敵艦隊」的覆滅

洋擴張的基礎,使英國人獲得了西班牙所喪失的威望。這種威望促使英國人走上了帝國主義的道路,最後他們的「日不落帝國」的旗幟飄揚在全球,成為亙古以來所未有的海洋大帝國。這個帝國從興起到衰頹,差不多經過了300年以上的時間。

雄霸世界的「無敵艦隊」就這樣覆滅了,不能不說是世界海戰史上的一大遺憾。無論如何,西班牙在當時還是稱霸一時,其勢力之強的確無人可比,它的「無敵艦隊」在軍事力量上確實占有絕對優勢。

「無敵艦隊」覆滅以後,西班牙逐漸衰落,而英國則取得了海上霸主地位,使本來一個僅有數百萬人口的孤島小國一躍成為世界上頭號殖民帝國,並在以後好幾個世紀中保持著世界「第一強國」和「海上霸主」的地位。

導致「無敵艦隊」覆滅原因很多,但天氣是重要因素。首先,艦隊啟航的時間選擇不當:「無敵艦隊」在5月啟航,當時的大西洋風濤險惡,在進入柯魯拉港避風時,發現他們的補給品很多都腐爛了,淡水也漏掉了許多,大多數的船隻需要修補,很多人生病。根據史料記載,面對這種局面,西尼多亞公爵曾上書腓力二世建議暫停遠征,遭到拒絕。王命難違,西尼多亞公爵只好勉強出戰,以這種狀態面對敵人,失敗結局是顯而易見的。而且,艦隊在潰敗回國的途中,又

遭受了蘇格蘭北部海域大風暴的襲擊，損失相當慘重，許多船隻永沉海底，僥倖逃上岸的一些士兵，幾乎都被英國人捕殺。以至於在後來，腓力二世也對天嘆道，「我派『無敵艦隊』是去和英國人作戰，而不是去和海浪作戰。」

綜觀整個戰役，西班牙人始終沒有擺脫一個凶惡的敵人──風暴。那麼，使「無敵艦隊」瀕臨滅亡的大西洋風暴是怎樣形成的呢？

早春4月，亞歐大陸上仍殘留著勢力較強的蒙古高壓，大西洋上的冰島低壓逐漸減弱。氣壓的急遽變化，使大西洋沿岸的風力大增，且方向不變，西班牙海軍選在4月出征，正遇上此類天氣。經過激戰，敗退的西班牙海軍經過數月顛簸，又碰上了大西洋颶風，這是由低氣壓而形成的熱帶氣旋，由於中心氣壓低，四周氣流向中心匯聚並輻合上升，之後在北半球逆時針旋轉，在南半球順時針旋轉。如果中心氣壓很低，旋轉的氣流強度就會很大，有時超過12級，並且上升的氣流會冷凝成雨。西班牙艦隊幾度遭到颶風的襲擾，早已疲於奔命，再與以逸待勞的英軍開戰，自然難逃敗局。

狂暴的海洋與帝國霸權──「無敵艦隊」的覆滅

火山與革命
——拉基爆發與法國動盪

火山與革命—拉基爆發與法國動盪

2010 年 4 月，歐洲流傳一句新諺語：冰島人不僅把我們的錢燒了，現在還把灰給吹了回來。4 月 14 日，冰島埃亞菲亞德拉火山在沉寂了 190 年之後發生了大規模噴發，火山灰的擴散幾乎讓整個歐洲的航空業窒息。火山灰引發的空中交通癱瘓，每天損失就超 2 億美元，損失比 911 還嚴重。剛從金融危機重創中抬頭的航空業再次「中招」，世界其他地方往返歐洲的班機也進入待定狀態。長遠來看，火山灰為人們帶來的麻煩遠不止這些，在歷史上，火山爆發曾經造成全球變冷，土壤酸化，糧食絕收，甚至成為導致法國大革命爆發的氣候誘因。

西元 1793 年 1 月 21 日，香榭麗舍大道的革命廣場上，斷頭臺鍘刀閃著寒光，巴黎市民歡騰地喊著：「共和國萬歲！自由萬歲！砍下暴君的頭！」路易十六在最後看了一眼格外陰冷的巴黎天空。為何路易十六會人頭落地？歷史書上該說的都說了，我們來談談火山吧。

在路易十五統治的早期，氣候狀況尚良好，然而到了西元 1739 年至 1742 年間，氣候突然驚人地變冷。西元 1770 年，也就是路易十六即位的 4 年前，氣候變化日益劇烈，歉收年頻繁出現，天氣變化削弱了市場的穩定性，農產品市場波動頻繁，導致土地租金上漲，農業利潤下降。

在冰島短短的 500 年歷史過程中，還有很多次火山爆發，而冰島本身就是火山活動的產物，拉基火山只不過是冰

島上眾多火山中的一個而已。西元 1783 年 6 月，冰島的拉基火山噴發，這是最近 500 年以來，人類知道的岩漿噴出最多的一次爆發，岩漿量達到 14 立方公里。拉基火山爆發持續到西元 1784 年 2 月，時間長達 8 個月。由於拉基火山位於偏僻山區，所以沒有直接造成人員傷亡，但歐洲很快就感受到了它的威力。最嚴重的直接影響主要來自一開始的 5 個月，自然首先受到影響的就是冰島。由於拉基火山爆發釋放的氣體含有氟化氫，在大氣中濃度超過一定數值之後對骨頭會有嚴重的影響，所以導致冰島 80% 的羊、50% 的牛和馬死亡，導致的疾病以及隨後的饑荒，導致冰島 20%～25% 的人口死亡。拉基火山的噴發使冰島刷新了 300 年來的夏天最熱紀錄和 250 年來的冬天最冷紀錄。直到現在，冰島人還生動地把拉基火山群稱為「艱苦之母」。

122 萬噸的二氧化硫在爆發中釋放，總量是 2006 年全歐洲工業排放的二氧化硫的三倍，其中 95 萬噸進入對流層和平流層。由於二氧化硫非常集中，濃度很高，所到之處也對當地帶來非常大的危害。這些二氧化硫很快飄散到歐洲上空，毒氣飄過挪威、英國、德國、法國，很多人相繼莫名其妙地死去，整個歐洲一片恐慌，人們並不知道這是二氧化硫和水蒸氣的混合氣體進入肺部，導致人窒息死亡，也不知道這毒氣從哪裡飄來的。紀錄顯示，西元 1783 年夏，因為肺部阻塞死亡的英國人就超過 2.3 萬人。在西元 1783 年以及 1784 年

初,直接帶來歐洲數萬人的死亡,這可能是上一個千年之中火山對歐洲的社會和氣候影響最大的一次。

向東飄去的二氧化硫還在整個歐洲大陸形成酸雨。英國人記載,當時的霧氣之厚,導致停泊在港口的船隻根本無法航行,太陽被描繪成「血紅色」。由於天空持續落塵,歷史上也以「塵夏」稱呼西元 1783 年的夏天。而在法國,由於二氧化硫中毒,中北部的沙特爾市八、九月間的死亡率達到了 5%。

歐洲接下來好幾年都出現了酷暑和嚴寒交替的極端天氣。據文獻記載,西元 1783 年,英國遭受來自冰島的火山灰降塵,西歐地區從當年 6 月被濃密雲層覆蓋直到秋天。西元 1784 年初,英國漢普郡等地出現了罕見的連續 28 天霜凍,當年入春後,德國等中歐國家由於嚴冬後大量冰雪的消融而遭受洪災。在之後的幾年中,西歐的夏季氣溫都很低,乾草極度短缺,數千頭牛羊被廉價宰殺。長期低溫導致了糧食的短缺,使得法國社會失序,一系列的政治動盪在巴黎醞釀。

讓人驚異的是,西元 1783 年拉基火山爆發引起的異常氣候變化,成為法國大革命爆發的重要因素。關於法國當年天氣最詳細的報告出自親歷這一切的美國科學家富蘭克林(Benjamin Franklin),他寫道:西元 1783 年夏季的幾個月,在北方地區應是太陽光照最強烈的季節,歐洲和北美部分地區卻始終為霧氣所籠罩。這霧具有持續性,它是乾燥的霧,陽光不能像驅散從水中升起的潮溼霧氣一樣驅散它。太

陽光線通過霧氣時顯得十分微弱，用凸透鏡聚焦時，連一張紙都點燃不了。夏季使地球升溫的光照當然大大減弱，因此地表近乎冰點，雪留在地面上不融化，越積越多……西元1783～1784年冬季的寒冷比多年來要嚴酷得多。

富蘭克林推斷，「這次世界性霧氣的起因還不能確定……也許是冰島拉基火山整個夏季持續爆發的巨量煙塵，也許是冰島附近升出海面的另一座火山（斯卡普塔爾──約庫爾）噴出的煙塵隨風散播。」其實除冰島的火山爆發外，同一年，日本的淺間火山也有一次有史以來最猛烈的爆發。這些火山爆發對氣候的影響致使法國大革命前農作物絕收、社會動盪，自然災害惡化了政治情緒，觸發了大革命。而這一革命則對近代社會型態的塑造具有決定性影響。

西元1788年的法國，是歐洲人口最眾多的國度，國王、貴族和教士統治著這片土地，平民們以名目繁多的封建稅和教會的什一稅供養著統治者。王國政府此時債臺高築，在北美獨立戰爭中，法國人耗費了不計其數的金錢和物資，飄洋過海去援助美國。這一年，法國發生了「災難性的歉收」，農民的日子十分艱難。而城市的狀況更加難以收拾──手工業的不景氣導致失業加劇，而歉收帶來的饑荒使得城市變成了一個難以生活的地方。這一年，法國農業再度遭到春旱的打擊。麵包價格飛漲，平民們飢腸轆轆，卻仍須繳納重稅。7月13日，一場罕見的大冰雹重創法國農村，英國外交官描

火山與革命──拉基爆發與法國動盪

述道:「在降下巨大的冰雹以前,天上傳來恐怖的巨響⋯⋯四五百個慘遭破壞的法國村莊如果得不到救助,村民們將大量死亡;葡萄藤全被打斷,未來三四年將徹底絕收⋯⋯葡萄酒的釀造完全失敗。」雪上加霜的是,這年的冬天特別寒冷。河流凍結,水磨無法運轉,糧食無法運輸,麵包短缺的形勢更加嚴峻。飢餓的民眾開始聚集起來搶劫糧食。

西元 1788 年到 1789 年異常寒冷的冬季,成了壓倒法國的最後一根稻草。那個冬季,大雪封鎖了道路,河流結了冰,商家停止了營業,到了春季冰雪融化時又淹沒了數千公頃的農田,而麵包的價格達到了 20 年來的最高點。西元 1789 年的糧食大恐慌使巴黎民眾情緒高漲並集體失控,並引發了革命浪潮。薩巴斯欽・梅西耶(Sebastien Mercier)在西元 1770 年便頗有預見地寫道:「糧食能供養人,也能殺人。」

在法國大革命爆發前夕,饑荒使法國社會瀰漫著一種躁動不安的情緒,有人認為這種情緒在一定程度上引燃了法國大革命的導火線。緊握將路易十六送上斷頭臺這把鍘刀的,不僅有革命的力量,還有小冰河時代的寒冷。當拉基火山爆發後,一切便無可挽回,持續數個世紀的生存危機,終於在革命的暴力中達到高潮。惡劣的氣候激盪起法國大革命的風暴,隨後的歷史舉世皆知:西元 1789 年召開的三級會議;攻占巴士底獄;砍下國王的頭顱;資產階級掌權;自由、平等、博愛的新價值觀動搖著整個歐洲的王權統治和貴族政

治⋯⋯這段歷史，只是氣候與人類歷史這一永恆話題中的一個篇章。

除了歐洲以外，在北美，西元 1783～1784 年的冬天也比往年來得長，阿拉斯加經歷了 400 年來最冷的一個夏天，美國隨後經歷也經歷了有紀錄以來最漫長的一個冬季。墨西哥灣觀察到了結冰的現象。對其他地區的影響已經很難研究，推斷也許與非洲薩赫勒地區的降雨減少，甚至與日本的饑荒有些關聯。

有學者研究指出，西元 1783 年拉基火山的爆發，甚至影響到了非洲，縮短了尼羅河的長度，形成許多乾旱區。有毒煙霧波及到了敘利亞、西伯利亞西部的阿爾泰山區及北非。當年埃及的大饑荒和這次爆發也有部分關聯。

在好萊塢電影《魔戒》(*The Lord of the Rings*)中，為了避免大災難的降臨，主角把魔戒扔進末日火山炙熱的岩漿裡，熔化了人類的貪婪和欲望。而在現實中，自然界的神奇法力無時無刻不在影響人類的生活，甚至改變過歷史。

火山與革命─拉基爆發與法國動盪

風蕭蕭兮海水寒
——特拉法爾加海戰實錄

風蕭蕭兮海水寒──特拉法爾加海戰實錄

　　特拉法爾加海戰是發生在具有傳奇色彩的英國海軍司令納爾遜（Viscount Nelson）和打遍歐洲大陸無敵手的拿破崙（Napoléon Bonaparte）之間的巔峰對決。雙方艦隊在西班牙特拉法爾加海面相遇，決戰持續了 5 小時，由於英軍指揮、戰術及作戰皆勝一籌，法西聯合艦隊遭受毀滅性打擊，主帥維爾納夫連同 21 艘主力戰艦被俘。此役之後法國海軍精銳盡喪，從此一蹶不振，拿破崙被迫放棄進攻英國本土的計畫，而英國海上霸主的地位繼續得以鞏固。

　　西元 1803 年，拿破崙統治的法國與英國為首的反法聯盟再次爆發戰爭。為了永除後患，拿破崙就構思越過英吉利海峽征服英國的計畫。但是拿破崙本人對海戰卻很不精通，看來軍事天才也有其弱點。

　　此時西班牙與法國結盟，並且把自己的海軍也交予法國統一指揮。誰是合適的司令官呢？拿破崙實在是找不到滿意的人！最後只好勉強裡面挑個還能看的，無奈之舉的拿破崙派海軍中將維爾納夫統一指揮法國和西班牙聯合艦隊。

　　英國是個海洋國家，從來不懼怕和陸地國家開戰。知道拿破崙的計畫後，英國海軍部長聖‧芬森特立即命令封鎖法國主要的海軍港口：納爾遜負責封鎖地中海的港口；凱茲勳爵監視北海和多佛爾海峽；康沃里斯則控制布勒斯特港口。就像一個大口袋，法國海軍被牢牢地包圍在裡面。

為了趕在歐洲大陸封建國家聯合向法國進攻之前戰勝英國，拿破崙開始了上臺後最緊張的、規模最大的對英戰爭準備。他在法國西部海岸布倫港建立了龐大的軍營，召集了幾萬工人集中在那裡，夜以繼日地建造新軍艦、運輸船、駁船以及橫渡英吉利海峽所需的一切艦船。同時，拿破崙這裡還集結和訓練著準備在英國登陸的幾萬大軍，他虔誠地對著英吉利海峽說：「只要上帝給我三天霧，我就可以成為倫敦、英國議會和英格蘭銀行的主人。」

拿破崙的「大話」一度遭到英國人的嘲笑，加上天公不作美，英國人認為這不過是拿破崙故意擺出的一種威嚇的架勢。可是到了西元 1803 年底，特別是 1804 年初，英國人再也不敢嘲笑拿破崙的夢想了。英國政府不斷收到有關拿破崙大規模擴軍備戰、令人膽寒的消息，英國人這回真的有點驚慌失措了。既然拿破崙在西元 1798 年能夠率領一支強大的艦隊和軍隊繞過在地中海上追趕他的英國海軍，並能順利地在埃及登陸，那麼這個人事實也可能利用在地中海上罕見的而在英吉利海峽很常見的濃霧成功地渡過英吉利海峽，在英國海岸登陸。英國出現了從來沒有過的緊張，開始了全國總動員，大約有 59 萬人應徵入伍，預備役軍艦也全部轉入現役。

西元 1804 年 12 月 2 日，拿破崙加冕稱帝，建立了法蘭西帝國。看到一個小人物竟然也成為皇帝，這不是讓所有君主制國家出醜嗎？英國以大量英鎊開路，與奧地利和俄國籌

劃組織第三次反法聯盟。

這一次，荷蘭堅決地與法國站在同一邊，將自己的海軍也交給拿破崙指揮。此時，法國已有戰列艦103艘、巡洋艦55艘。這使拿破崙手中的海軍兵力有所加強，但由於英國海軍強而有力的封鎖，三國艦隊分別被困守在各自的港口裡，發揮不了作用。

為了扭轉這一不利的策略態勢，拿破崙制定了一個「調虎離山」的計畫。他讓駐守土倫港口的分艦隊在維爾納夫的率領下突破封鎖，前往西印度群島，同時，由米西賽指揮的羅什福爾分艦隊也應突破英軍封鎖，前往西印度群島。

西元1805年1月11日，米西賽率領了5艘戰列艦和4艘巡洋艦，從羅什福爾突圍而出，向西印度群島駛去。一個星期後，維爾納夫率領11艘戰列艦和9艘巡洋艦，也駛出了土倫港。英國在法國的間諜立刻將這一情報發出，得到消息的英國艦隊的指揮官納爾遜最初認為維爾納夫一定是駛往馬爾他或埃及。於是立即向東趕去，並於2月7日到達了埃及亞歷山大港。當他沒發現敵蹤時，又轉航趕往馬爾他，在那裡才知道由於遇到了風暴，維爾納夫已經早早的返回了土倫。撲了個空，納爾遜並不氣餒，他悻悻地說：「早晚他會撞到我手裡的。」

3月30日，維爾納夫再次從土倫出航向西班牙的卡迪斯港前進以跟西班牙艦隊會合，然後再駛向西印度群島。納爾

遜仍以為維爾納夫是駛向埃及，於是把艦隊部署在地中海中部等待他。4月9日，維爾納夫向西穿過直布羅陀海峽，在西班牙西南海岸的卡迪斯港口下錨，用訊號通知港內西班牙艦隊出來。但是維爾納夫非常害怕納爾遜會突然出現在他面前，到了下午1時，他不願再等西班牙艦隊，而是先行起錨開船，讓西班牙人跟在他後面前進。

納爾遜這才判明維爾納夫的意圖，他開始向西航行，5月6日才出現在直布羅陀海峽。在那裡他又獲知維爾納夫已在半個多月前就到北美洲的西印度群島去了。納爾遜一向是衝動又具有血氣方剛，他於5月10日，率領10艘戰列艦和3艘巡洋艦，立即進行橫渡大西洋的航行。英國海軍部此時也得知維爾納夫駛向西印度群島，但卻不知納爾遜的追擊行動，又派出柯林伍德中將率11艘戰艦出發追擊。當柯林伍德在途中時，偶然遇見一隊英艦，才知納爾遜已在追擊中。兩個人一合計，柯林伍德返航了，納爾遜繼續追擊行動。假使沒有發生這個偶然事件，英國就會有21支戰列艦和3艘巡洋艦，去參加這個「萬里追捕」的工作，而拿破崙的調虎離山之計就可得逞。

5月14日，維爾納夫終於平安的到達西印度群島的馬提尼克，但此時米西賽卻沒在那裡等他，其艦隊由於受風暴影響已返回法國的羅什福爾港了。拿破崙已經不想再延遲，又派馬格倫少將率領2艘戰艦渡過大西洋，把一個命令送達

維爾納夫，規定他在接到命令之後，應在西印度群島停留 35 天，假使沒有法國艦隊來與他會合，即應返航接出被封鎖在費羅爾和布勒斯特的艦隊，最後集中兵力進入英吉利海峽，開往布倫。

維爾納夫於 6 月 4 日接到了命令，在 6 月 7 日又接獲了納爾遜已到達西印度群島的消息。這個消息使維爾納夫的神經大為緊張，於是竟不顧拿破崙的命令，於 6 月 10 日率艦隊匆匆返回歐洲。納爾遜氣得直跳腳，連淡水都沒有來得及補充，就調頭往回追。7 月 20 日，納爾遜又一路追回了直布羅陀海峽。海上的西南風使他處於有利的地位 —— 風從英國艦隊的背面吹來，使得英艦隊比法艦隊有更多的選擇餘地、更大的機動能力。

英國海軍部長聖・芬森特勛爵接到維爾納夫艦隊向比斯開灣行駛的報告後，立即命令負責封鎖英吉利海峽的康華里斯上將解除對羅什福爾等港口的封鎖，將艦隊集中起來，以來阻止維爾納夫的計畫。這支艦隊駛離基地，進入了大西洋，而在法國海岸外巡邏的英國巡航艦竟然沒有發現，這似乎難以置信。然而，這就是 18 世紀海戰的基本特點。海洋浩瀚，艦船的航速又較慢，以及不可預測的氣象條件，因此上百艘的艦隻在海上互相追逐，甚至一連好幾個星期都可能毫無結果。除布勒斯特和西班牙的卡迪斯港外，其他法西兩國港口的封鎖都解除了。至此，英國艦隊都已被拿破崙成功調

動,他的偉大策略目標已經實現了一大半。

8月20日,維爾納夫的艦隊一路無阻的進入了西班牙卡迪斯港。9月2日,拿破崙離開了布倫,同時在布倫接受訓練準備遠征英格蘭的數萬士兵也轉變了目標:不渡海,開始準備渡過萊茵河。

拿破崙雖然此時已經放棄了侵略英國的計畫,他還是對維爾納夫下達了一項新的命令,要他從西班牙加的卡迪斯出發,在義大利的那不勒斯一帶完成牽制,然後回到土倫整休艦隊。由於對維爾納夫已失去信心,拿破崙又命令海軍部長德克雷撤換維爾納夫,而以海軍上將羅西里來替換他。

10月1日,維爾納夫開始進行最後的準備,預訂在10月7日出海,可是風向突然轉變,使他在港中停留了十幾天之久。就在他避風難以出港的一個作戰會議上,維爾納夫向部下準確預言了納爾遜會採用切斷法西艦隊的前後連結,包圍後方,然後各個擊破的新戰術。但精於紙上談兵的維爾納夫卻拿不出可行的對策。最後他只是下令:「假如法西聯合艦隊占上風,則應迫近敵人,然後一對一作戰。」

就在這時,維爾納夫得知了羅西里將要來接替他的傳聞,而且此人已經在來的路上了。他覺得這是個奇恥大辱,於是決定在羅西里到達之前,即先行衝出卡迪斯港,通過直布羅陀海峽前往地中海,配合拿破崙在義大利的軍事行動,避開羅西里,眼不見為淨。

10月17日，維爾納夫發出準備啟航的訊號，由於有風，一直等到19日上午6時艦隊才出發。兩個半小時後，納爾遜從其在岸邊監視的巡洋艦上，獲得敵軍已出港的訊號。他立即發出了「全面追逐」、「敵艦已在海上」等訊號。

　　10月20日上午7時，納爾遜發現了維爾納夫的艦隊正向直布羅陀海峽前進。納爾遜一路緊隨，在日落之前，納爾遜還命令所有的巡洋艦在夜間應與敵人始終保持在看得到的範圍內。21日拂曉，當法西聯合艦隊駛抵特拉法爾加海域距英艦隊只有12海里時，納爾遜發出「成兩個縱隊前進」、「備戰」的訊號。19世紀規模最大的一場海戰——特拉法爾加海戰就要開始了。

　　應該說，雙方的實力對比起來，英國略遜一籌。維爾納夫觀察了風向，為了保險起見，他在上午8時發出訊號，命令全艦隊轉向，這樣好使卡迪斯港處於下風位置，讓被擊傷的船隻有一個避難之地，或者說是逃跑比較方便。這個在最後關鍵時刻又改變計畫的命令，實在是十分的不幸，因為這不僅好像退卻一樣，足以影響到部隊的士氣，而且整個艦隊這樣調頭，需要兩個多小時的時間才能重新擺好隊形，結果所組成的戰線凌亂不堪。

　　當聯合艦隊正在調換方向之際，英國艦隊分為兩個縱隊，在滿帆之下趕了過來。上風的縱隊由納爾遜指揮，下風的則由柯林伍德指揮。由於擔心維爾納夫逃回卡迪斯港，納爾遜當即

決定不照原計畫行動,不以敵方中央前段為目標,而改向其前衛的中央衝去。柯林伍德則向敵人後衛部分前段進攻。納爾遜又發出了其著名的通令:「英格蘭要求每人恪盡職守!」

「聖胡安」號戰列艦上的西班牙海軍准將丘盧卡,透過望遠鏡觀察了維爾納夫所在的旗艦「布欣陶列」號的桅頂後,連連搖頭。他轉身看到英艦的兩路縱隊,正無情地向聯合艦隊逼近,他又回過頭來看了看旗艦,對他的副手說,「看來我們的前衛要被英國艦隊分割開來了,後衛將被對方壓倒,半個艦隊將無法行動。那個法國海軍將領根本不懂得,也不會懂得這一點。現在他唯一的辦法是採取大膽的行動,命令前衛軍艦再次轉向下風,支援後衛,這才能使敵艦受到我們兩面火力的夾擊。」接著,丘盧卡啪地一聲,合上了望遠鏡,傲然離去,同時口中喃喃地說:「完了,完了,這下我們徹底完了。」

這場戰鬥結束時,與柯林伍德交戰的共有 15 艘法西兩國軍艦,其中 10 艘被俘,1 艘被擊沉。逃走的只有 4 艘,其中有 1 艘為西班牙旗艦「奧國王子」號,上面載著垂死的西班牙海軍將領格拉維拉。大自然似乎更青睞英國艦隊,法西聯合艦隊雖然實力並不弱,然而,不利的風向使首戰受挫的官兵一蹶不振,屢遭敗績,最後難逃失敗的命運。

特拉法爾加海戰後的災難,甚至比海戰本身還要無情。納爾遜在他彌留之際曾指示說,「拋錨,哈迪,拋錨!」顯然他十分疼痛,或許在他受傷之前他那靈驗的氣壓計──右臂

163

的殘部，向他發出了預報：一場風暴即將到來。在那同時，海上翻滾的湧浪也表明一場颶風正在大西洋上醞釀著。無論是勝利者還是失敗者，在風暴襲擊之前，只有幾個小時可用來搶修軍艦最急需修理的破損處和包紮傷員的傷口。

　　當時負責指揮英國艦隊的科林伍德（Cuthbert Collingwood）沒有拋錨，因為英國艦隊即使全部拋了錨，也不見得能使艦隊在西元 1805 年 10 月 21 日夜，席捲戰後餘生的大風暴中得救。

　　那次風暴持續了半個多星期，在那絕望的時刻，沒有勝利者和失敗者之分，只是一些為活命而掙扎的人們。毀壞的索具倒在艦舷上，沒有桅杆，到處是彈洞的艦體，被風浪衝向岩石嶙峋的西班牙海岸。被打得千瘡百孔的「敬畏」號戰列艦，雖然由「快速」號拖帶著，但是已經在逐漸下沉了。「快速」號的水兵，冒著生命危險，乘小艇在波濤洶湧的海上，盡可能救起最多傷員。但「敬畏」號還是沉沒了，沉沒時艦上的 474 人中，仍有許多人還活著。

　　曾經是西班牙驕傲的「聖特立尼達」號戰列艦，此時卻成了一個沒有桅杆的巨大的廢艦空殼，它在海上搖搖晃晃地漂泊了三天才沉沒。據一位西班牙人回憶，當「聖特立尼達」號巨大的艦體開始下沉時，「從艙裡發出一陣陣可怕的慘叫聲，那是底甲板上可憐的傷兵感到行將淹死時發出的叫喊聲。」

戰後科林伍德除了安排治療傷兵、交換戰俘外，還派了一艘最快的「皮克爾」號軍艦，趕回英國報捷。「皮克爾」號冒著狂風，經過 9 天航行趕到英國。

特拉法爾加海戰是裝備實心砲彈的木質帆船之間最大的一次海戰。眾所周知，風向對木質帆船的戰鬥力有著重要的影響。可惜的是，綜觀整場海戰，大自然似乎更願意把勝利的天平向英國人傾斜。「風蕭蕭兮海水寒」，此戰把英國從拿破崙登陸入侵的威脅中解脫了出來，拿破崙也從此走向失敗的深淵。

英國軍事理論家富勒（J. F. C. Fuller）在《西洋世界軍事史》(*A Military History of the Western World*) 中評價說：「無論從那一方面來說，特拉法爾加海戰都是一個值得記憶的會戰，它對於歷史具有廣泛的影響，它把拿破崙征服英國的夢想完全擊碎了，一百年來的英法海上爭霸戰從此結束，它使英國成為了一個海洋帝國，這個帝國維持了一個世紀以上。」

確立了英國在此後 100 年中的海上霸權，為普魯士、俄國、奧地利那些被拿破崙打得心驚膽顫的君主們打了一劑強心針，就像英國歷史學家威爾遜（Charles Wilson）在《新劍橋近代史》(*New Cambridge Modern History*) 中所說：「特拉法爾加海戰在西元 1799 年到 1813 年的拿破崙戰爭中，是一場有著決定性意義的會戰。」

風蕭蕭兮海水寒──特拉法爾加海戰實錄

嚴寒下的征伐
── 拿破崙東征的氣候悲劇

嚴寒下的征伐——拿破崙東征的氣候悲劇

西元 1812 年,在歐洲戰場上所向無敵的拿破崙,指著地圖上一個幅員遼闊的國家說道:「只要俄國每年還有 50 萬嬰兒出生,我就絕不滿足於在歐洲取得的勝利。」這個國家,就是俄羅斯。西元 1812 年初,法國占領了義大利、德國、西班牙、荷蘭等地,幾乎占領了整個西歐,在歐洲大陸獲得了空前的軍事勝利。為了使英國臣服,獲得整個歐洲霸權,法國發起了大陸封鎖政策,但當時的俄國從自身利益考慮,拒絕參加大陸封鎖。俄國的做法引起拿破崙強烈不滿,俄法矛盾激化。這一年的 5 月 9 日,拿破崙離開巴黎,率領浩浩蕩蕩的 60 萬大軍遠征俄羅斯。此時,正是他一生中最為意氣風發之時,他宣稱:「再過三年,我將要成為世界的主人!」他自信擁有一支戰無不勝的大軍,擊潰曾經被多次擊潰過的俄國人並不是什麼難事。

對拿破崙的入侵,國力上較為落後的俄國採取堅壁清野、伺機決戰的策略。9 月 7 日,超過 25 萬法國人和俄國人在莫斯科附近的博羅季諾戰場上鏖戰,血染沃野。臨危受命的俄軍總司令庫圖佐夫(Mikhail Kutuzov)率軍苦戰一天,日暮時為保留實力而選擇撤退。那是整個拿破崙戰爭期間規模最大、單日傷亡人數最多的戰役,至少 7 萬人戰死。拿破崙取得了戰術上的勝利,打開了通往莫斯科的道路。俄軍後備力量不足,為保留實力,9 月 13 日,老奸巨猾的庫圖佐夫決定放棄莫斯科,他說:「不要對莫斯科的撤退感到焦急不安,

我認為這是天意，此舉將挽救俄羅斯。拿破崙如一股洪流，我們尚不能加以制服，但莫斯科將如海綿一般吸乾這洪流。」

初秋的莫斯科顯得那麼平靜而鎮定自若，當拿破崙的先鋒部隊進入的時候，莫斯科已是一座空城。它把巨大的失落與痛苦留給了入侵者，沒有求和書，沒有迎接者，法軍絲毫也沒體會到勝利的榮光，他們看到的是俄羅斯人強烈的復仇的眼神。

歷史還清楚地記得那場熊熊的大火，莫斯科方圓三百里都可看見的沖天火光，它一直持續了四天，使全城多於四分之一的建築變為了廢墟。它就像俄羅斯人胸中的怒火，照亮了拿破崙帝國通往衰敗的道路。等火最終熄滅下來時，拿破崙三分之二的勝利果實已經化為烏有。

按照歐洲傳統規則，首都被占意味著戰爭的結束和和談的開始，或是割地或是賠款，但俄國人拒絕屈從這樣的安排，一直沒有和談的消息。10月，莫斯科的陽光發出迷人的微笑。拿破崙浪費了寶貴的夏秋時節，他沒能在有利的季節裡殲滅俄軍主力，莫斯科這塊巨大的海綿吸乾了法軍的士氣和戰鬥力，而這時的庫圖佐夫正蓄勢待發，他同時帶來了最強而有力的援軍——俄羅斯的嚴冬。

10月13日，莫斯科降下了第一場大雪，拿破崙開始認真考慮下一步該怎麼辦了。他召開了軍事會議。會議上，眾將帥意見不一，有的主張向彼得堡進軍，威逼俄都，以使得

嚴寒下的征伐——拿破崙東征的氣候悲劇

俄國貴族的感到恐慌,爭取媾和;有的主張固守莫斯科,等待援兵,等明年春天再與俄軍一決雌雄。拿破崙考慮再三,認為法軍已成強弩之末,兵力不足,很難再對偏遠地區進行進攻,進攻彼得堡已無可能。若再堅守莫斯科,恐法軍在俄國的困境會導致國內政局不穩。一旦俄軍完全切斷法軍後路,堅守莫斯科,無異於自取滅亡。最後,拿破崙忍痛決定撤出莫斯科。

10月18日清晨,法軍開始撤出莫斯科。10月21日和22日,天氣十分惡劣,地面上全結了冰。由於馬匹沒有事先釘上防滑鐵,許多馬滑倒在冰上,再也無法站立起來,士兵們只好在馬匹還活著的時候就把牠們宰殺充當軍糧了。夜間,天氣更加寒冷,許多拉車的馬被凍死,法軍不得不把彈藥箱和馬車拋棄。

氣溫在繼續下降,天氣越來越寒冷,一路上到處都躺著一些凍死、餓死和累死的人。人們不顧這悲慘的景象頑強地走著,斯摩倫斯克的富足在誘惑著他們。離斯摩倫斯克越來越近了,人們甚至看見了城中陽光照耀下的閃閃發光的塔尖,整個大軍精神為之一振。11月9日中午時分,大軍進入了斯摩倫斯克。可這裡的物資庫存情況與拿破崙想像的大不相同,根本無法滿足部隊的需求。一些軍官,甚至一些高級軍官,因承受不住飢餓的壓迫,紛紛離開自己的指揮部隊,趕到縱隊的前面,以便弄到一些食物。

撤出斯摩倫斯克後，法軍的情況更糟，許多人跌倒後再也無力爬起來，以致活活被凍死。在大自然的威力面前，人與人之間的爭鬥變得微不足道，缺少在寒冷地區作戰經驗的法軍面對莽莽雪原，只能是潰不成軍、土崩瓦解。而驍勇的哥薩克騎兵卻來去自如，砍殺劫掠如影隨行⋯⋯

面對惡劣的環境和極端的困難，拿破崙並未沮喪和屈服，他的性格如同淬過火的鋼鐵一樣，越煉越堅強。他立刻下定決心：加快撤退速度，趕在庫圖佐夫之前渡過別列津納河，然後取一條稍北的路線退往維爾納。11月25日傍晚5時，法軍工兵開始不畏嚴寒，站在深及下巴、飄著浮冰的河水中架橋。直到第二天下午1時，兩座大橋才完全架好，步騎兵開始有秩序地渡河。這是世界軍事史上最災難性的撤退，嚴寒的冬天與俄軍的阻擊、騷擾帶來毀滅性的打擊。

渡過別列津河後，法軍不分晝夜地前往維爾納。拿破崙堅信維爾納是撤退的終點，他的軍隊將在那裡冬營，維爾納將有足夠的物資供應軍隊。儘管人們還得與飢餓、寒冷和追擊的敵人搏鬥，但人們臉上已沒有那麼多的憂思苦慮了。維爾納成了大家嚮往的天國，成了躲避一切風暴的避風港。正當法軍懷著美好希望朝著維爾納加速行進時，一場罕見的嚴寒向這支殘存的部隊襲來，氣溫驟然下降幾十度，許多人因身體過度虛弱和手腳被凍壞，跌倒後就永遠無法站起來了。還有許多快被凍僵的人，宿營時過分靠近篝火，結果反而送

嚴寒下的征伐—拿破崙東征的氣候悲劇

了命。幾乎每時每刻都有幾十個、幾百個人死去。在通往維爾納的大道上到處都堆滿了法軍的屍首。拿破崙讓這支殘軍駐守維也納，自己回國了。然而，俄軍並沒有停止追擊，法軍於 12 月 10 日被迫撤出維爾納，最終退回了法國。

拿破崙認為這場戰爭的失敗不是因為敵人太強大，應歸咎於惡劣的天氣。他說：「亞歷山大燒毀俄國的城鎮，甚至燒毀莫斯科，簡直是一種愚不可及的行為。既然他如此信賴冬天，為什麼還要用火呢？他有武器和軍隊可以打仗，可是在不打仗的軍隊上平白花那麼多的錢，這不是發瘋嗎？一個人在與敵人戰鬥時，不應該再摧殘自己。庫圖佐夫的退卻事實上是愚蠢的。把我們摧毀的原因是俄國的冬天。我們是氣候的犧牲品，那時的好天氣欺騙了我。」

加拿大化學家潘尼‧拉古德（Penny Le Couteur）則認為，是法軍制服上的鈕釦在嚴寒中變成碎末導致拿破崙的慘敗。法軍制服上的鈕釦是錫製的，錫在極度低溫中會化成粉末，俗稱「錫瘟」。衣服上沒有釦子，在嚴寒裡只能被活活凍死。

無論是什麼原因，這次遠征俄羅斯，以法軍的徹底失敗而告終，拿破崙的 60 萬大軍只有 3 萬士兵活著返回了法國。拿破崙犯下一個致命錯誤：入侵龐大而深不可測的俄羅斯。俄國的勝利，被認為是拿破崙王朝滅亡的開始。

滑鐵盧的雨
──「陽傘效應」惹的禍?

滑鐵盧的雨—「陽傘效應」惹的禍？

西元 1815 年 6 月 18 日，一場改變歐洲命運的戰役在比利時一個不知名的小鎮打響，這個小鎮的名字從此變得家喻戶曉 —— 滑鐵盧。在這場戰役中，英國威靈頓公爵（Duke of Wellington）率領的歐洲聯軍戰勝了以法國皇帝拿破崙為統帥的法國軍隊，粉碎了拿破崙稱霸歐洲的雄心。幾天後，拿破崙退位，歐洲迎來相對和平的百年。

西元 1815 年的 6 月，天空一直是陰沉沉的，拿破崙帶領法國軍隊與第六次反法聯軍正在進行最後的殊死戰，拿破崙天才般的指揮正在瓦解著反法聯軍，當拿破崙的騎兵快要追上從四壁村潰退的威靈頓率領的反法聯軍時，傾盆大雨突然從天而降，猶如一道傾瀉而下的鋼鐵洪流。拿破崙的近衛軍冒著如注的大雨發起攻擊，但大雨遮住了法軍的視線，火器發射也受到影響。騎兵只能沿著石子路追擊，否則馬匹就會陷到泥濘的耕地裡。半個小時後，反法聯軍儘管跑得丟盔棄甲，狼狽不堪，但終究是成功地撤離了，並進入主力已占領的陣地，這個陣地就是滑鐵盧⋯⋯

在這場「不是征服就是死亡」的戰鬥中，拿破崙有挽救法國的機會，可惜連綿多日的大雨最終拖延了法軍追擊反法聯軍的時機和戰果，保留了威靈頓的實力。在最後滑鐵盧之役中，拿破崙因為連日陰雨地面泥濘，不適合騎兵和砲兵作戰，將戰役推遲了兩個小時，從而鑄成了大錯！戰役進入了僵持階段後，拿破崙與威靈頓都在等待援軍，結果威靈頓等

到了布呂歇爾軍，而拿破崙沒有看到理應在布呂歇爾軍後面追擊的格魯希軍。布呂歇爾軍的加入，使得稍占上風的法軍寡不敵眾開始敗退下來，一敗再敗，歷史就這樣定格下來。

如果不是那場出人意料的暴雨，拿破崙也許會追上從四壁村潰退的威靈頓，而這也許能對第二天的戰鬥產生重要影響；而如果沒有連日的陰雨，拿破崙就可能在當日上午9時準時開戰，也許在布呂歇爾到來之前，戰役已經結束了，拿破崙就可以按原定計畫，對付布呂歇爾，歷史很可能就從此改寫。

有的科學家認為，異常的雨季，準確地說萬里之遙以外印尼群島上的坦博拉火山爆發造成的「陽傘效應」，導致異常氣候，幫助威靈頓成就了打敗拿破崙的功名。事實真的如此嗎？

滑鐵盧的雨—「陽傘效應」惹的禍？

滑鐵盧 —— 失敗的代名詞

西元 1814 年，歐洲反法聯軍攻陷巴黎，拿破崙被迫宣布退位，被流放於厄爾巴島。西元 1815 年 3 月 1 日，拿破崙率領 1,000 餘名士兵偷渡回國，沿途守軍紛紛重新聚集在他的鷹徽旗下。3 月 20 日，拿破崙凱旋巴黎，重登皇位。在維也納開會的盟國一派譁然，他們立即停止爭吵，再次聯合起來，組成了第六次反法同盟，決心徹底打垮這個科西嘉怪物。

法軍方面，拿破崙也在加緊備戰，到 6 月上旬，已有 18 萬人集結在鷹旗之下。對於聯軍的強大陣容，拿破崙認真地進行了分析，他決定要化被動為主動，以攻為守。拿破崙於 6 月 12 日派 12.5 萬法軍，悄悄移動到比利時邊境，展開了戰鬥。

拿破崙認真分析了強大的對手，決定以攻為守，先集中主要兵力對付比利時方面的聯軍，對萊茵河、義大利方面的聯軍只派少量兵力牽制。同時趁聯軍尚未完成會合，率先打敗威靈頓和布呂歇爾。6 月 15 日凌晨 3 時，他的先鋒部隊進入比利時，16 日在林尼將聯軍擊敗。這一擊屬害卻不致命，未被消滅的普軍向布魯塞爾撤退。

林尼戰役勝利的第二天是 6 月 17 日，這也是滑鐵盧戰役的前一天。上午 11 時，拿破崙首次將獨立指揮權交到格魯希

（Marquis de Grouchy）手上後，命令他率領約 3.3 萬右翼兵力追剿聯軍，隨時將聯軍的動向報告給他。

就在格魯希的部隊出發時，一場滂沱大雨突然而至。士兵們踩著爛泥，邁著艱難的步伐趕往聯軍逃跑的方向。準確地說，應該是布呂歇爾部隊的匯集地。格魯希、內伊和拿破崙分三路追剿聯軍和英軍，無奈滂沱大雨片刻未停。大雨遮住了法軍的視線，看不清前面的目標。火器發射也受到影響。騎兵的行動尤其受限，騎兵只能沿著公路追擊，否則馬匹就會陷到泥濘的耕地裡，難以奔跑。拿破崙也被淋得像落湯雞一樣，灰大衣淌著雨水，帽子被暴風雨打得不成樣子。半個小時以後，暴風雨停止了。英軍的殿後部隊儘管跑得丟盔棄甲，狼狽不堪，但終究是成功地撤走了，並在滑鐵盧以南進入主力已占領的陣地。

拿破崙心急如焚，如坐針氈。在這種天氣裡，他對敵人的動向一無所知。此時，偵察兵在漆黑的雨夜裡什麼都看不清楚，情報也不準確；不知道威靈頓會不會應戰；格魯希率領的法軍也杳無音信，形勢對法軍非常不利。所有的一切都是未知之數，拿破崙很難做任何決策。到凌晨 1 點，焦急的拿破崙顧不上滂沱大雨，親自進入英軍炮火的射程，在陣地的最前線視察軍情，斟酌作戰方案。拿破崙意識到，原本就不甚明朗的敵情越發模糊，如果情況再繼續這樣下去，將對他們的作戰產生很大的影響。即使是這樣，拿破崙也無計可

滑鐵盧的雨—「陽傘效應」惹的禍？

施,除了誠心地祈禱外再沒有更好的辦法。或許是上帝聽到了他真誠的呼喚,到凌晨5點,雨終於停了,與此同時,拿破崙心中的疑雲也煙消雲散了。他決定,上午9點展開對威靈頓的總攻。

如果一切都按拿破崙的計畫發展,他寄予厚望的不是格魯希,他的對手不是威靈頓,那麼他、法國、整個歐洲乃至全世界的命運將會如何?

進攻的時間原本是定在9點,但由於晝夜不停地下了三天雨,前一天晚上更遇上了罕見的狂風暴雨,這使戰區的地形早已面目全非,溝壑縱橫,到處都是泥濘,砲兵們只能費力地拉著深深陷進爛泥的大砲艱難地前進,根本就無法展開進攻。

眼看快到9點了,部隊仍然沒有聚集在一起。天氣也沒有完全好轉,風很大,只能隱隱約約地看見太陽的影子。與西元1805年大敗奧俄聯軍形成鮮明對比的是,此時的太陽不再那麼燦爛炫目,整個天空顯得黯淡而陰鬱。騎兵和砲兵仍然在奮力與泥濘進行抗爭。如果砲彈不慎落入泥中,將大大降低其殺傷力,因此一位砲兵軍官建議拿破崙將進攻時間推遲到11點。軍官出身的砲兵,讓感同身受的拿破崙欣然同意了這個建議。這比原定進攻的時間推遲了整整兩個小時。令人意想不到的是,這偏偏就是致命的兩個小時。

上午11點，拿破崙向各軍將領下達了他一生中的最後一個指令：各軍各司其職，開始戰鬥。半小時後，三聲炮響震耳欲聾，著名的滑鐵盧戰役正式開始。法軍率先用80門大砲同時向英軍開火，內伊將軍則率領步兵衝向敵軍陣地。歐洲近代史的發展與拿破崙的命運緊緊地相連。就像稍縱即逝的煙火一樣，拿破崙在生命的最後時刻用一個經典的戰爭將自己永遠留在了世界歷史上，永遠留在了世界人民的心中。

法軍的砲彈大部分落在英軍陣地前坡被雨水浸透的泥土裡，沒有造成多大傷害，威靈頓仍按他的老辦法讓步兵伏藏在山頂後面。從上午11點到下午1點，時間已經過了兩個小時，英法兩軍一直僵持不下，勝負不明。不久前，法軍剛占領了一些村莊和陣地，但很快便被英軍擊退，之後便是無休無止的拉鋸戰。英軍精疲力竭，法軍疲憊不堪，雙方在這一回合打成了平手，他們都寄希望於援軍的到來。在這種情況下，誰的增援部隊先到，誰就將是歷史的操盤手。威靈頓的救兵是布呂歇爾，拿破崙的則是格魯希。拿破崙不停地用望遠鏡觀望，持續不斷地派人送信給格魯希。

遺憾的是，格魯希並沒有感受到大家對他寄予的深切期望，更沒意識到命運已經將拿破崙的生死大權交給了他。他只是一味遵從拿破崙的命令，按照原定計畫繼續追捕逃散的聯軍。

滑鐵盧的雨—「陽傘效應」惹的禍？

　　雨終於停了，四周陷入了可怕的寂靜，敵人的痕跡被雨水遮蓋得一乾二淨，彷彿什麼都沒有發生過。英將布呂歇爾的援軍到了，法軍的厄運從此開始。

　　得知這個消息後，法軍頓感五雷轟頂，士兵們紛紛撤退。這是威靈頓反攻的最好機會，所有的士兵蜂擁而上，向撤退的敵人發起了最後一次猛烈的進攻。拿破崙曾經的威武之師就成了一盤散沙，慘不忍睹。這盤散沙毀滅了一切，包括拿破崙。翌日，威靈頓獲勝的消息傳到英國和巴黎，布魯塞爾和德國同時響起了勝利的鐘聲。

　　6月22日，拿破崙第二次被迫退位，囚禁在聖赫勒拿島上，直到西元1821年鬱鬱而終。拿破崙的第二次執政，總共只有一百天左右，歷史上稱為「百日王朝」。拿破崙自以為有雄才大略，攻無不克，卻沒有想到在滑鐵盧一役中被打得一敗塗地。滑鐵盧戰役在歷史上傳為笑柄，而滑鐵盧一詞從此也成了失敗的代名詞。

「陽傘效應」和「無夏之年」

拿破崙在滑鐵盧戰役中的失敗的原因，歷史上眾說紛紜，但天氣因素總是繞不開的話題。

西元 1815 年 6 月 17 日上午法軍第一槍響，就好像觸發了頭上的雷雨雲似的，立即雷聲大作，閃電把部隊變成了「瞎子」，無法觀察敵人的戰場，接著便是傾盆大雨。在這種暴雨下，那個年代的一切火器都無法進行射擊，拿破崙的大砲也無法在溼透的泥地上前進，使拿破崙本來指望在下午五六點鐘擊潰聯軍的計畫泡湯了。

傾盆的大雨使得戰區地形面目全非，溝壑縱橫，泥漿滿地，輜重車的輪子淹沒了一半。暴雨造成的泥漿和溼地，為法軍帶來了極大的困難。步兵難以前進，砲兵費力地拉起陷入爛泥中的大砲，在泥濘中跌撞著艱難地前進，還未與聯軍接觸就已經人困馬乏了。由於爛泥地的關係，在發動進攻時步兵和騎兵的協調不良，導致了大部分的士兵死亡。

暴雨造成的泥地，使拿破崙最擅長運用、具有極大威懾力的火炮無法發揮應有的作用。法軍的火炮只有落在堅硬的地上才能產生極大的跳飛殺傷力，但現在都陷入爛泥或鬆土中。由於暴雨造成的道路泥濘，拿破崙發出的讓下屬格魯希部隊迅速集合的命令推遲了 5 小時才能送達，致使法軍的援

滑鐵盧的雨—「陽傘效應」惹的禍？

軍未能及時到達。又由於暴雨的原因使總攻擊時間推遲，給了聯軍充裕的時間，使敵方援軍及時趕到了戰場。

人們不禁要問：為什麼老天爺要如此和拿破崙作對呢？這看起來似乎是個沒有答案的問題，大多都是感喟之語。然而，近年來，隨著研究的深入，一些科學家稱找到了這個問題的答案：萬里之遙以外印尼群島上的坦博拉火山爆發造成的「陽傘效應」，帶來了滑鐵盧的雨！

西元1815年4月5日到7月中旬，坦博拉火山猛烈爆發，是世界上有歷史記載的最大的一次火山爆發，釋放的能量相當於第二次世界大戰末期，美國投在日本廣島的那顆小男孩原子彈爆炸威力的6.2萬倍。這次火山爆發，噴入空中的火山灰和碎石根據預估有170萬噸。當煙霧消散以後，可看到坦博拉火山已「噴掉了山頂」，其高度從4,100公尺減為2,850公尺。火山爆發的巨響在2,500公里之外都能聽到，使方圓480公里內的大地上，整整3天暗無天日。另外還引發了大海嘯，使大片陸地沉陷海底，推估有60,000人喪生。有學者考證，坦博拉火山在西元1815年的大噴發前已沉睡了5,000年。

大約在6月中旬，在風力的作用下，大量火山灰飄到了歐洲西部，也就是滑鐵盧戰場的上空，形成「陽傘效應」，即火山噴發時噴射出的火山灰和氣溶膠在高空滯留後，其中的塵埃、顆粒會反射太陽光，阻止陽光直接照射地面，因而會

在短時間內出現局部地區的降溫或陰雨天氣。火山爆發時把大量的火山煙塵排放到了地球高層大氣中,這種最終分布到全球的火山煙塵能把大量的陽光熱量反射回太空,從而使地球氣溫降低。火山煙塵這種使地球大氣的降溫作用好像是替地球撐了一把陽傘,因此得名「陽傘效應」。

「陽傘效應」實際上是大氣中大量塵埃的氣候效應,是它導致了滑鐵盧地區的異常降雨。

坦博拉火山的猛烈爆發不僅僅為拿破崙王朝敲響了喪鐘,也導致了一次全球性的氣候變化,影響了整個世界的走向。因為火山灰在大氣層中需要時間流動,所以並沒有立刻影響附近地區的氣候,直到西元 1816 年影響才顯現出來。那一年,也就是坦博拉火山猛烈爆發的第二年,全球性的低溫襲擊了從歐洲、美洲甚至亞洲,據保守猜測,西元 1816 年北半球平均氣溫下降了 0.4～0.7℃。在西方,這一年被稱為「無夏之年」,在民間的記憶裡被稱為「凍死人的 1816 年」。在此之前還有兩次火山爆發,分別發生在西元 1812 年的加勒比海地區和西元 1814 年的菲律賓,在大氣層中早已存在的火山灰因為坦博拉火山的噴發更加嚴重。

西元 1815 年拿破崙兵敗滑鐵盧,持續了 20 年之久的歐洲戰爭終於要結束了,但是惡劣的天氣開始接替戰爭,像死神一樣揮舞著鐮刀來收割生命。不像美國遭受乾旱,歐洲經受的是雨水過多。當時歐美的日記和報紙詳盡記錄了西元

滑鐵盧的雨─「陽傘效應」惹的禍？

1816年的天氣，比如天空中不尋常的顏色，巨大的太陽黑子和其他怪異現象。這些資料間接證實了今天的自然史學家的研究：太陽磁場的改變，巨大的火山噴發和太陽黑子活動造成了北半球的饑荒、乾旱和毀滅性的雨雪天氣。《泰晤士報》(The Times)在西元1816年7月報導，寒冷潮溼的天氣正在毀滅英格蘭的草場和苜蓿，這對農民來說是一場災難，毀滅了大多數人生活的希望。

西元1816年廣泛的農作物歉收使歐洲幾乎每一個國家都出現了「糧食騷亂」，激發了席捲歐洲大陸的革命熱情。在美國，飢餓的人們往西遷移，改變了農業結構，拓展了領土。在亞洲的印度，這一年季風延遲，夏季陰雨連綿，加重了霍亂的傳播，瘟疫從恆河流域的邦加羅爾一直蔓延到莫斯科。

西元1815～1817年，雲南地區發生大面積饑荒，被稱之嘉慶大饑荒，可以說，嘉慶大饑荒是雲南近代有記載的規模最大、最嚴重的一次饑荒。據雲南《鄧川縣誌》記載，嘉慶二十一年（西元1816年）「是歲大飢，路死枕籍。」面臨災荒，有些饑民被迫賣兒賣女以求活命，昆明詩人李於陽在〈賣兒嘆〉中寫道：「三百錢買一升粟，一升粟飽三日腹。窮民赤手錢何來，攜男提女街頭賣。明知賣兒難救飢，忍被鬼伯同時錄……」

「無夏之年」除了造成嘉慶雲南大饑荒之外，在亞洲，也出現了一些極端低溫事件。同一年在臺灣，西元1815年，

新竹、苗栗皆「十二月雨雪，冰堅寸餘」，彰化「冬十二月有冰」。西元 1817 年在江西彭澤縣：「六月下旬北風寒，二十九日夜尤甚，次早九都、浩山見雪，木棉多凍傷。」湖口縣：「六月低，天暴寒人。」可見西元 1816 年的夏季低溫也影響到了部分亞洲地區，只不過在東部未造成大範圍的災害，沒有引起人們的注意而已。

大氣層中的火山灰增多導致了這段時期落日時分特殊的景觀，英國畫家透納（William Turner）把這種顏色成功捕捉到了畫布上。西元 1816 年 6 月 16 日，詩人雪萊（Percy Bysshe Shelley）帶著未婚妻瑪麗（Mary Godwin）到拜倫位於日內瓦湖邊的別墅度假，結果突然下起了大雨，狂風怒吼，閃電齊鳴。瑪麗與很多文學界人士困守在寒冷多雨的瑞士，6 月 22 日的暴風雨讓他們只能待在室內，講鬼故事消磨時光。

他們約定把這些傳說寫下來，西元 1818 年，瑪麗第一個完工，這就是我們今天讀到的哥德式驚悚小說《弗蘭肯斯坦》（*Frankenstein*），或者說《科學怪人》（*The Modern Prometheus*）。而拜倫（Lord Byron）的私人醫生約翰·波里道利（John Polidori）則寫出了中篇《吸血鬼》（*The Vampyre*）。也是在「無夏之年」，拜倫開始寫作他預示末日來臨的詩歌《暗闇》（*Darkness*）：

明亮的太陽熄滅，而星星在黯淡的永恆虛空中失所流離，無光，無路，那冰封的地球球體盲目轉動，在無月的天

滑鐵盧的雨—「陽傘效應」惹的禍？

空下籠罩幽冥。

無夏之年對中國的影響更加耐人尋味。當代著名經濟歷史資料考證與分析專家安格斯・麥迪森（Angus Maddison）經過研究發現，西元 1700 年時整個歐洲的 GDP 和中國的 GDP 差不多相等，而在西元 1700 ～ 1820 年的一個多世紀中，中國經濟的年均成長速度是歐洲的 4 倍。然後，在西元 1820 年以後的一個半世紀中，中國經濟在世界經濟中的份額一直在下降，並成為世界六大經濟體中唯一出現人均 GDP 下降的地區。

有經濟史學家把 19 世紀上葉的市場衰退，稱「道光蕭條」，這次蕭條是在農業生產不景氣，國家財政拮据的情況下發生的，由此導致一系列的民變。

一個王朝可以採取海禁和閉關鎖國的政策，但是無論如何也阻止不了太陽黑子和火山爆發。可見古往今來，自然的變動也是影響人類歷史的變數。

購買「荒涼」的阿拉斯加
── 史上最划算的買賣

8 購買「荒涼」的阿拉斯加——史上最划算的買賣

2014年3月16日,美國參議員約翰·馬侃(John McCain)結束訪問烏克蘭並回國,呼籲美國對其與俄羅斯總統普丁(Vladimir Putin)的關係進行「全面的重新評估」,為烏克蘭提供軍事援助,並重建美國世界領袖地位。對於馬侃的這番言論,俄羅斯駐歐盟大使弗拉迪米爾·季里諾夫斯基(Vladimir Zhirinovsky)在英國廣播公司播出的一檔節目裡是這麼回應的:「請轉告馬侃議員,讓他看好阿拉斯加。」主持人聽後震驚不已,顯然沒有料到對方會這樣說,只好接了一句「美國人實際上控制著阿拉斯加」。弗拉迪米爾·季里諾夫斯基笑著回覆到:「阿拉斯加曾經是俄羅斯的領土,只是開個玩笑而已。」

此時臨近愚人節,美國白宮請願網站就收到了一份有點近乎捉弄、讓人哭笑不得的線上請願:要求阿拉斯加州脫離美國加入俄羅斯。截至4月1日凌晨4點,已經獲得了35,964個連署,若4月20號連署達到了10萬,白宮就得回應。

打開美國地圖,會發現它在本土之外隔著加拿大還有一塊領土 —— 阿拉斯加。阿拉斯加位於美國的西北太平洋沿岸,西元1867年3月30號,美國以720萬美元的價格從俄羅斯的手中購買了阿拉斯加,白宮會怎麼樣回應這份從美國分離出去的請願呢?也許可以參考2012年的一份德克薩斯獨

立的請願，當時白宮回應說國家要團結。阿拉斯加加入俄羅斯的請願嚴重不可靠，不過這份請願倒是恰好擊中了美俄之間長期以來摻雜著歷史因素、在克里米亞地區脫離烏克蘭加入俄羅斯的背景下進一步激化的微妙心結。

購買「荒涼」的阿拉斯加──史上最划算的買賣

阿拉斯加的歷史

阿拉斯加有紀錄的歷史始於 18 世紀中葉。早在西元 1725 年，俄國彼得大帝（Peter the Great）命令丹麥航海家白令（Vitus Bering）探測亞洲和美洲是否相接。西元 1728 年，白令首航阿拉斯加，雖因大霧不能登陸，但證明了亞、美大陸互不相連。西元 1741 年，白令再次出航，由西伯利亞向東，在阿拉斯加南部登陸。返航時，所乘「聖彼得號」觸礁沉沒，白令和 30 名船員遇難，倖存者於第二年才回到西伯利亞。隨後，俄國人接踵而來，到了西元 1745 年，俄國獵人就在阿留申群島建立了穩固的狩獵基地，從而開始了阿拉斯加的殖民時期。緊隨其後的是英國、西班牙和美國的探險家，但真正留下來，並且對阿拉斯加有重大影響的還是俄國人。西元 1784 年他們在南岸的科迪亞克島建立了第一個永久定居點。到西元 1799 年為止，他們的觸角一直延伸至東南海岸，俄國對阿拉斯加的主權擁有就此確立。西元 1799 年開設俄美公司，對當地居民實行殖民統治，獨家經營漁獵場並開採礦物。這些俄國後裔在阿拉斯加的土地上繁衍生息，不斷壯大。沙皇想以該地為跳板，進一步增強俄國沿美洲西部海岸的勢力，使俄國成為整個北太平洋的主宰。

其實，阿拉斯加算作是俄國的土地，僅僅因為其他國家沒有想得到它，因為它實在太荒涼了，也只有剛剛占領了常

年冰天雪地的西伯利亞的俄國人不嫌棄。沙皇的檔案中並不存在關於阿拉斯加併入俄羅斯帝國的任何記載。這塊土地是由俄美私營公司開發的，開發得很不順利，西元 1866 年，該公司已經欠了財政部 72.5 萬盧布的債，而且為了這塊地的防衛還得再花上一筆錢。

隨著時間的推移，俄國面臨的擴張形勢日益向著有利於美國獲得阿拉斯加的方向發展。到 19 世紀中期，俄國在對外擴張中遇到了更為強大的對手——英國。俄國人看到，俄國雖然已把其疆域擴展到北美大陸，但有點過頭了，因為其力量有限。它顯然明白，在世界各地與英國爭霸中，如果弄不好，俄國還有可能失掉一些屬於英國海上霸權控制範圍的地區。此外，俄國認為，阿拉斯加並不能成為其無窮無盡掠取毛皮的場所，也不可能成為促其經濟成長的可靠之地。因此，到西元 1867 年，它已「想把這塊廣大而寒冷的擴張成果賣掉了」。

西元 1820 年代歐洲戰爭爆發後，俄國疲於應戰，無暇旁顧，其他國家的捕鯨人和皮毛商紛紛遷至這塊俄屬地域。隨著皮毛貿易收益的減弱，俄國對阿拉斯加也感到索然無味。西元 1823 年，美國總統門羅（James Monroe）發表了以對外擴張為主要內容的「門羅主義」，主張美洲以外的國家不得干涉美洲的事務，美洲的事務應由美國「來管」。根據這一外交方針，美國不僅要向南美擴張，而且也要向北美的北部擴張，至少要制止住俄國在阿拉斯加地區的擴張活動。為此，

購買「荒涼」的阿拉斯加──史上最划算的買賣

美國極力說服俄國沙皇放棄對阿拉斯加南部的領土要求。美國的努力沒有白費。西元 1824 年，美國與俄國簽訂了一項條約，規定阿拉斯加的南部邊界為北緯 54 度 40 分。這對美國來說自然也是個不大不小的勝利。

阿拉斯加位於北美大陸西北端，三分之一的面積位於北極圈，氣候嚴寒，年平均溫度在零度以下，因人煙稀少，納入版圖 100 多年來阿拉斯加沒有為俄國帶來多少金錢貢獻，反倒要貼錢派駐軍隊。俄國人天生是寒帶的民族，這群斯拉夫人對西伯利亞及其更東的阿拉斯加的征服是絕對可以媲美哥倫布（Cristoforo Colombo）或麥哲倫（Ferdinand Magellan）等偉大的航海家。從西元 1853 年到 1856 年，沙俄在克里米亞戰爭中受到英法聯軍沉重打擊，國庫幾乎被軍費洗劫一空，無力繼續控制它在北美的殖民地。英國軍隊多次攻擊堪察加彼得羅巴夫洛夫斯克，那裡的守軍最後不得不因人數太少而撤退。這個耐寒的民族這時也覺得，靠近北極圈的阿拉斯加過於荒涼了，於是產生了賣掉的想法。不得不承認，阿拉斯加的氣候實在不討人喜歡，這也成為它易主的重要原因。

西元 1861 年，美國爆發南北戰爭，西歐列強趁機打算肢解美國。林肯（Abraham Lincoln）總統認為以合眾國一國之力獨木難支，於是向西歐列強的仇人──沙皇俄國求助。沙皇也想報克里米亞戰爭一箭之仇，於是勞民傷財地派出了一支艦隊開進紐約港，讓其他列強猶豫了一下，為北方軍贏得

戰爭的勝利爭取了時間。不過落後的俄國儘管在戰爭中一炮未發，但光是讓艦隊轉半個地球的圈也得付出一筆鉅額的費用，這就使得原本就緊張不已的本國財政更加緊縮了。沙皇亞歷山大二世決定把不賺錢的、荒涼的不毛之地阿拉斯加賣給盟友美國。他派特使到美國暗示美國人，由後者要求俄國出賣阿拉斯加。

媒體一得到這個消息就寫道：「我們幹嘛要一頓早餐就能喝掉半桶魚油的 5 萬愛斯基摩人呢？」為了讓美國人覺得物有所值，俄國花了 10 萬美元賄賂，收買美國的新聞記者和政治家，由他們說服美國國會「慷慨解囊」。俄美終於在西元 1867 年 3 月 30 日正式簽訂購買阿拉斯加的條約。阿拉斯加總面積達 151.88 萬平方公里，720 萬美元的售價占美國當年一年支出的 2.6%，相當於每平方公里 4 美元 74 美分（平均每英畝只值 2 美分）。

在 19 世紀，還無人知曉阿拉斯加的真正價值，如此廉價的買賣在美國竟遭到強烈的反對。然而，經過激烈爭論，國會終於批准條約，世界近代史上最大的一筆土地買賣完成了，美國的領土面積暴增 20%，美國從此成為名正言順的大國。美國於西元 1766 年建國後領土不斷擴大：西元 1803 年從法國購得路易斯安那，西元 1819 年迫使西班牙讓出佛羅里達，西元 1845～1853 年奪取墨西哥大塊領土，西元 1898 年吞併夏威夷。但對美國崛起貢獻最大的是占美國領土面積五分之一的阿拉斯加。

購買「荒涼」的阿拉斯加—史上最划算的買賣

720 萬美元
為美國買了一個「超大冰箱」

720 萬在當時不算少，不然俄國人也不會高高興興地將阿拉斯加賣給美國。而反過來，當時的國務卿西華德（William Seward）由於做了這麼一筆買賣，在美國國內被罵得狗血淋頭，大家還編了兩個專有名詞，一個叫「Seward's Folly」，一個叫「Seward's Icebox」，合在一起就是這麼一句話：看看我們國務卿做了一件多麼蠢的事情，他居然花美國的 720 萬美元為美國買了一個超大冰箱！然而西華德卻異常鎮定地說：「現在我把它買下來，可能確實沒什麼用。但也許多少年以後，我們的子孫會因為買到這塊地而從中得到好處。」

購買如此廉價的土地，在美國國會竟遭到了強烈地反對。許多議員認為內戰剛結束，百廢待興，財政極其困難，不應花錢買一塊荒涼的土地。輿論界也認為，購買這塊冰天雪地的土地是無比愚蠢的事。

正如西華德所說，阿拉斯加州真正的價值是在美國人買完它之後才反映出來的：就在美國買下它之後不久，這個寒冷荒涼的半島就發現了礦藏，隨便一處的出產，就能抵得上整個阿拉斯加州的買價，美國人豈不大賺了一筆？

阿拉斯加擁有豐富的寶藏，森林面積大約 5,000 萬公

頃；鮭魚產量居世界第一位；金、銅、鉑、銀、煤、石油和天然氣等存量極大。據最保守估算，美國人得到阿拉斯加的頭 50 年，從這塊土地上得到的純收入就超過了 7.5 億美元。現在，阿拉斯加出產的石油和天然氣占全國總產量的 1/4；自然資源預估價值 5,000 億美元，今天總計「地價」約值 3 萬美元。俄國沙皇做夢也想不到，他們當「便宜貨」廉價處理的阿拉斯加，後來竟成為美國的一塊寶地。如果說阿拉斯加是一個「超大冰箱」，那麼這個冰箱裡裝的便是幾乎無窮無盡的「食物」。難怪，俄羅斯人至今還在心疼阿拉斯加呢！

　　如果說美國購買「荒涼」的阿拉斯加是商業史上最划算的買賣，那麼賣方俄國則做了商業史上最賠錢、愚蠢的買賣。這說明了土地對人類有著非同尋常的意義，它是我們人類生存的根基，絕不是用價格可以衡量的商品。在某一時期由於科技的落後，人類還意識不到它的價值，但隨著經濟的發展，有朝一日，它必將以豐厚的財富回報人類。

購買「荒涼」的阿拉斯加──史上最划算的買賣

英吉利海峽的「天兵」
── 空戰中的氣象變數

英吉利海峽的「天兵」——空戰中的氣象變數

不列顛戰役是第二次世界大戰期間納粹德國對英國發動的大規模空戰，是第二次世界大戰中規模最大的空戰，開始於 1940 年 8 月，在 1941 年 6 月以德國的失敗告終。不列顛空戰最為激烈的時刻，邱吉爾（Winston Churchill）說：「在人類發生衝突的領域中，從來沒有這麼多的人如此感激這麼少的人。」他所說的「這麼少的人」，指的是「天兵」——英國皇家空軍的飛行員。其實，邱吉爾還應該感謝另一位「天兵」，就是英國的天氣。

英國位於北緯 50 度至 60 度之間，但氣候溫和，冬無嚴寒，夏無酷暑，屬溫和溼潤的海洋性氣候。英國全國 1 月分的平均氣溫約為 4 至 7 度，7 月分 13 至 17 度。年降雨量西北部山區超過 1,000 公釐，而東南部在六七百公釐之間。英國霧氣較重，主要是島國的潮氣所致。首都倫敦冬季河湖極少結冰，一月平均氣溫在 4 度（攝氏）以上；夏天則相當涼爽，7 月的平均氣溫 17 度。年降雨量約 600 公釐，雨量分布較均勻。英國雖然氣候溫和，但天氣多變。一日之內，時晴時雨。多變的天氣也為人們提供了經常的話題，在英國甚至最沉默寡言的人也喜歡談論天氣。

然而，有一群人卻因為不關心英國的天氣吃了大虧，這就是以空軍司令戈林（Hermann Göring）為首的納粹德國空軍的領導階層。1940 年 7 月 19 日，戈林被授予帝國元帥軍銜，但他從法蘭西戰役後就完全沉湎於勝利之中，不過問空軍業

務,而是熱衷於在各被占領國的博物館中蒐集稀世珍寶,舉辦盛大的宴會,更無暇顧及英國的天氣了。在不列顛戰役前,他盲目樂觀,認為單憑德國空軍就可以征服英倫三島。

德國空軍此時也是打遍歐洲無敵手,驕狂得不可一世。在德國飛行員中間流傳著這樣一句話,「咬住那個傢伙的屁股擊落它」。最好的飛行員都被安排進了戰鬥機大隊,他們是德國空軍的菁英。他們每天都唱著戰歌,「我們向西北面的英國海岸飛去,把它的飛機打個落花流水。」他們認為,德國生產的世界上最好的飛機被德國最優秀的飛行員駕駛著,這是一支所向無敵的軍隊。

1940年8月初,空軍司令戈林來到巴黎的德國空軍前線總部,下達了空軍作戰指令,定於8月10日發起第一次大規模空襲,這天將以「鷹日」為代號。到了8月10日,德國空軍為對英作戰而集結的飛機已達2,669架。由於當天英國南部地區天氣非常惡劣,「鷹日」攻擊被迫向後順延。8月11日和12日,天氣依然沒有多大好轉,德軍見縫插針地出動了部分飛機,攻擊了英軍雷達站,其中5個遭嚴重破壞,一個被完全摧毀。由於德軍主要轟炸了雷達站的天線而不是核心的控制室,所以英軍能夠迅速修復。德軍無線電偵測部門很快又發現了雷達訊號,認為攻擊雷達站是毫無作用的,加上天公不作美,因此就終止了對雷達站的攻擊,鑄成大錯,英軍的雷達部隊也躲過一劫。要知道,雷達對英國取得不列顛空

英吉利海峽的「天兵」—空戰中的氣象變數

戰的勝利有著了決定性的作用。

被大肆宣揚的「鷹日」攻擊終於在 8 月 13 日拉開序幕。軍事史上將 8 月 13 日至 8 月 23 日作為不列顛戰役的第一階段，德軍在這一階段主要目的就是消滅英國空軍主力。由於德軍飛機航行距離有限，所以攻擊主要集中在英格蘭南部，企圖盡可能在南部戰鬥中消耗英軍力量，為以後攻擊中部地區創造條件。德軍除以戰鬥機掩護轟炸機突擊英軍機場外，還以戰鬥機組成遊獵群，專門尋找英軍戰鬥機空戰。

雖然這一天的天氣仍不理想，部分戰鬥機沒有按計畫起飛，開局顯得有些混亂。但是全天德軍仍然投入 1,485 架次，白天突擊了英國南部的七個機場，晚間則攻擊英軍飛機製造廠。英軍出動了 727 架次迎戰，在波特蘭和南安普敦的空戰尤為激烈，德軍有 47 架飛機被擊落，80 餘架被擊傷；英軍僅損失 13 架飛機，機場遭受的損失微不足道。

第二天，天氣依舊是陰雲密布，德軍僅進行了小編隊的零星襲擊。8 月 15 日，因為連日的惡劣天氣，戈林將各航空隊司令召到在卡琳霍爾莊園的官邸舉行軍事會議。不料天氣突然轉晴，留守空軍指揮部最高級別的軍官第 2 航空隊參謀長保羅戴希曼（Paul Deichmann）上校，以軍人的責任果斷下令出擊，誰能想到這天竟然成為不列顛戰役中德軍出擊規模最大的一天！

然而，晴天並沒有替德國空軍帶來好運。在英格蘭南部的激戰中，德軍投入了975架戰鬥機和622架轟炸機，發動了四個波次的空襲，猛烈轟炸英軍5個機場和4個飛機製造廠。英軍先後投入22個戰鬥機中隊，全力抗擊。戰鬥一直持續到天黑，全天德軍出動約2,000架次，被擊落75架，英軍出動974架次，空戰中損失34架，還有21架轟炸機在地面被擊毀，馬特爾夏姆和林尼機場遭到較大的破壞。這天是不列顛之戰開始以來最激烈的一天，被稱為「黑色星期四」。按照雙方的損失比例，幾乎打成了平局，德軍僅憑藉現有的數量優勢，是難以消滅英國空軍的。

此後數日，雙方都沒有大的作為。8月19日，戈林召開參謀長會議，總結前一階段作戰情況，決定接下來集中全力攻擊英國空軍主力第11大隊的基地。8月19日至23日，由於天氣原因，空戰暫停了5天。不列顛之戰的初戰至此告一段落。在這一階段，德軍付出了被擊落367架的巨大代價，英軍在這一階段只損失了183架。德軍還使英軍12個機場和7個飛機製造廠遭到不同程度破壞，6個雷達站一度失去作用，1個指揮中心被炸，1座彈藥庫和10座儲油庫被毀。但是德軍由於選擇目標不集中，一定程度上分散了兵力，降低了突擊效果，又遭到英軍頑強抵抗，再加上糟糕的天氣，德軍並沒能達到預期目的。

英吉利海峽的「天兵」——空戰中的氣象變數

　　就在英國空軍遭到巨大損失即將陷入崩潰的邊緣時，德軍卻突然改變了戰術，不再攻擊英軍的機場和指揮中心，轉而對倫敦實施大規模空襲，不列顛之戰也就進入了一個新階段。

　　這一改變完全是因為一個偶然事件，事件的起因要回到 8 月 24 日。這一天，因為天氣原因，12 架迷航的德軍轟炸機意外飛臨倫敦，在陰雲和大雨中向市中心投下了炸彈。

　　邱吉爾迅速抓住倫敦被轟炸的這個機會，第二天，他就命令英國皇家空軍也去轟炸德國首都柏林。根據邱吉爾的指示，英國空軍出動 81 架轟炸機空襲柏林，作為報復。儘管空襲造成的實質損失微乎其微，但在在心理層面卻對德國造成強烈震撼！邱吉爾這樣評價這些飛行員：「他們的行為將永垂青史。我一直在期待著宣布 —— 英國皇家空軍已經轟炸了柏林並且已經返回。」實際上，英軍對柏林郊區的轟炸並不是那麼嚴重，但是納粹頭目們陷入了邱吉爾替他們挖好的陷阱，德國空軍的重點攻擊目標轉向了倫敦，而不是有價值的軍事目標，英國也因此得以喘息，能夠累積力量，戰勝強敵。

　　德軍對倫敦實施的大規模空襲，企圖以摧毀城區的殘暴轟炸，使英國屈服。然而，英國人民在如此慘重的損失下，沒有屈服，相反更激起了對納粹暴政的仇恨和戰鬥的決心！

到 1940 年底，由於英軍戰鬥機、高射炮等部隊的英勇抗擊，德軍損失越來越大，為減少飛機損失，德軍空襲逐漸減小規模和強度，500 架次以上的規模屈指可數。主要採取夜間轟炸的戰術，除了破壞城市建築，屠殺平民，製造恐怖氣氛外，軍事上的作用很小。入冬以後，英倫三島惡劣的天氣也使德軍空襲的次數日益下降。

1941 年 3 月起，隨著天氣的好轉，德軍的空襲也逐漸加強，這時德軍發動空中攻勢目的只是為了製造進攻英國的假象，掩蓋即將開始對蘇聯的作戰。隨著 6 月 22 日德軍進攻蘇聯的開始，德國空軍主力轉往蘇聯戰場，對英國的策略空襲也終於停止。人類戰爭史上最驚心動魄的大空戰──不列顛空戰就此宣告結束。

影響不列顛空戰勝負的因素很多，天氣的作用不可忽略。德國空軍雖然強大，但受制於當時的科技水準，很難擺脫英國惡劣天氣造成的重大影響，德國空軍高層對天氣因素也不夠重視，因此戰爭一開始，就埋下了失敗的伏筆。邱吉爾說要感謝的「天兵」，除了英國皇家空軍的飛行員外，還應該包括英國的天氣。

英吉利海峽的「天兵」—空戰中的氣象變數

風雪莫斯科
—— 希特勒重演拿破崙悲劇

風雪莫斯科—希特勒重演拿破崙悲劇

　　第二次世界大戰期間，德國法西斯表面上玩弄著狡詐的欺騙手段以掩人耳目，於1939年8月23日同蘇聯簽定了《德蘇互不侵犯條約》，而暗中卻祕密制定了突然襲擊蘇聯的「巴巴羅薩計畫」。當準備就緒，條件成熟時，德國立即撕去假面具，於1941年6月22日凌晨未經宣戰，就向蘇聯發動了全面進攻。當時的希特勒（Adolf Hitler）放話要在三個月消滅蘇聯，進而征服全世界。

　　1941年10月，德軍對莫斯科發動了代號「颱風」的大規模攻勢，妄圖在10天內一舉攻占莫斯科。希特勒揚言要在11月7日十月革命勝利這一天親臨莫斯科紅場，檢閱凱旋的德軍將士。雖然在制定「颱風」計畫時，下屬曾多次提醒希特勒注意「進攻莫斯科時的天氣問題」，建議德國策略後方應動員一切力量生產防寒用具。但希特勒卻自信地認為，「冬季到來之時，德軍早已占領了莫斯科，部隊可以在莫斯科過冬，根本沒有必要生產什麼防寒用具」，因此沒有生產任何一件防寒用具。

　　在莫斯科外圍，德軍很快消滅了大量的蘇軍有生戰力，但天氣的變壞使德軍的攻勢銳減。當德軍前鋒裝甲部隊進到莫扎伊斯克時，天空已開始下雨了，道路變成了泥河。坦克走不多遠就陷入泥潭中，簡直無法前進。連綿的秋雨，導致地上一片泥濘，德軍的補給陷入了困境，地面進攻幾乎停滯。部隊減員越來越嚴重，根本沒有足夠的新兵給予補充，許多部隊僅僅剩下最初建制的一半。南路古德林（Heinz

Guderian）的第 2 裝甲集團軍困在奧廖爾到圖拉之間的公路上達幾天之久，一切補給只好依賴空運。德軍於是被迫全線停止前進，以待大地封凍。

德軍暫時的停進使蘇軍贏得了寶貴的喘息時間。到 10 月底，蘇最高統帥部開始抽回一些部隊作為預備隊，使其得到必要的休息，新的預備隊也在源源不斷地趕到。此時，蘇聯傑出的諜報人員佐爾格（Richard Sorge）從日本送來了準確的情報：日本武裝力量將全力南進，而無意與蘇作戰。於是，史達林（Joseph Stalin）又將部署在西伯利亞與日本關東軍對峙的 25 個步兵師和 9 個裝甲旅的精銳部隊陸續西調到了莫斯科近郊。這些從西伯利亞趕來的援軍能夠勝任在零下 40 度的嚴寒下戰鬥，這是一支新式紅軍，他們從遠東地區的林場和工廠召募而來，他們的裝備能夠抵禦俄羅斯冬季的嚴寒。

11 月 3 日至 4 日，莫斯科第一次降霜了。對於高度機械化的德軍部隊來說，他們面臨的問題更加嚴峻──大雨使得俄羅斯本就落後的道路變得異常泥濘，霜降到來的提早更是增添了麻煩。德軍的機械化部隊陷在了行進路上的冰水交加的泥濘中，寸步難行，耽誤了大好戰機；快速推進已不可能，只有履帶車輛還可以勉強推進，補給卡車隊伍向前行進的速度下降到每天 80 英哩。在晚上，勉強行進的車輛會陷入泥沼；到了早上，又會被凍得結結實實。為了補充燃料和彈藥供應，先鋒部隊已經等了三個星期。由於沒有冬季服裝，德

軍開始出現嚴重的凍傷。

11月7日,雖然德軍兵臨城下,史達林仍在莫斯科紅場舉行了傳統的十月革命節慶祝大會和閱兵儀式,全副武裝的蘇軍部隊從司令臺前莊嚴地經過,然後士氣高昂地直接開往前線。希特勒的閱兵計畫卻破產了。

當寒冷使大地封凍的時候,德軍的機械化部隊才重新在凍硬的地面上快速行進,試圖彌補那些損失的時間。11月13日,德陸軍總參謀長哈德爾(Franz Halder)在中央集團軍群總部召開了各軍團參謀長會議,下達了「1941年秋季攻勢命令」。11月16日,「秋季攻勢」開始發動,霍特的第3裝甲兵團慢慢地向莫斯科西北方向前進,23日占領了克林,28日突破莫斯科──伏爾加運河,到達伊斯特臘鎮,這距莫斯科只有24公里,霍特從他的望遠鏡裡已經能看見克里姆林宮的圓頂,莫斯科已經處於德軍大砲射程之內。

正當德軍打算一舉拿下莫斯科,打贏這場戰役的時候,奇蹟出現了。11月27日,氣溫在兩小時內驟然下降了20度,一下子掉到了攝氏零下40度。奇寒襲來,那些在溫帶海洋性氣候條件下生活慣了的德國官兵,完全失去了活動的能力,更別提打仗。縱覽德國陣地,凍僵了的軍士橫七豎八倒臥在地,一片抽搐,一片哀號,死傷病殘難以計數。大部分德軍身無禦寒之衣,數以千計的人員被凍傷,數以百計的人員被凍死。寒風比史達林的任何武器都管用。

可怕的嚴寒不僅摧殘士兵的身體,而且還使機器停止運轉、武器失靈。與德軍形成鮮明對比的是,來自西伯利亞的蘇軍有著充分的冬季作戰裝備,蘇軍新型坦克 T-34、T-35 在嚴寒下仍能照常發動。德軍的坦克在嚴寒中根本無法啟動,必須用鎬把車輛和火炮周圍的凍土一點一點的刨開,有許多車輛和火炮就是在試圖把它們從凍土中拖出來時損壞得無法使用了。如果不加防寒罩,車輛的發動機就會在行駛過程中凍壞。在卡車和坦克中途停車時,必須在發動機下面生火烘烤以防結冰。炮的駐退機與復進機內的液體都凍結了。由於同樣的原因,機槍和自動步槍也不能使用了。唯一能使用的只有迫擊炮。光學瞄準具和望遠鏡的鏡片出現模糊現象,失去了作用。履帶式車輛沒有防滑器就會在冰上打滑無法前進。德軍坦克的履帶較窄,在鬆軟的雪地裡行駛時戰術機動性很差。

德軍已經失去了在軍事裝備上的優勢,蘇德兩國的優劣之勢,一夜之間,出人意料地發生了神奇的逆轉。看起來德軍總參謀部要想克服所面臨的困難已不可能。就這樣,希特勒重蹈了拿破崙的覆轍,德軍在莫斯科城下遇上了 50 年未遇的異常嚴寒天氣。當時德國前線將軍曾建議希特勒稱「由於天氣非常惡劣,等好轉時再進攻」,但希特勒回信說:「你告訴我退到什麼地方不冷!是柏林嗎?」

由於飲食不周,食用冰冷食物,有些人餐後嘔吐,有些人得了胃病。部隊沒有領到偽裝用的罩衣和冬裝。有許多部

隊連內衣和結實一點的靴子也沒有。士兵們至少要有兩人以上結伴而行，這樣可以互相觀察對方是否出現了凍傷的症狀。傷員倒下就會死去，並不是由於傷勢重，而是由了失血引起休克和凍傷。

對莫斯科的人們而言，情形則恰好相反，來自西伯利亞的蘇軍早已習慣了寒帶生活，有著足夠的冬季作戰裝備，他們的槍炮套上了保暖套，塗上了防凍潤滑油；有足夠的棉衣、皮靴和護耳冬帽用來防寒——僅英國和美國根據《莫斯科協議》就向蘇聯援助了 850 萬雙軍靴，1 萬零 500 噸製靴皮革。

到 12 月分，晝間氣溫下降到零下二十幾度時，大部分德軍士兵還沒有得到冬裝，寒冷的天氣到來時部隊還穿著夏裝。發給部隊的冬裝只有十分之一。希特勒是想打一個戰役就結束戰爭，然後只留 60 個師，其餘部隊全部撤回德國。所以他認為沒有必要全部都發放冬裝，他甚至禁止提起普遍發放冬裝的問題，以防引起部隊的不安。夜間氣溫下降到攝氏零下三十幾度，所有的士兵在室外待了 1 小時以後都得回到室內待 1 小時，以使身體暖和過來，血液恢復流通。

成千上萬的德軍官兵被凍成了殘廢，沒嚴重凍傷的也很難再保持什麼戰鬥力。由於沒有補給，就大量宰殺馬匹充飢，這一做法直接後果就是，由於缺乏馬匹，無法把需要 14 匹馬才能拉動的火炮都拉走。

12月4日，當氣溫降至攝氏零下52度時，德軍再也不能作戰了。古德林懷著一顆沉重的心，他決定先撤退了。這是他那支所向無敵的裝甲兵團自從踏平波蘭以來的第一次撤退。而蘇軍已做好準備，將對疲憊不堪又凍得半死的德軍發起強大的反攻。

　　在德國，來自東方前線的消息讓300萬現役德軍的父母翻箱倒櫃地尋找暖和的衣服，全國上下一起動員，最後收集了一大批棉衣，但是，太晚了！火車被大雪困在了路上，而且受到游擊隊的騷擾。他們花了兩個月的時間才到達俄羅斯前線。

　　蘇軍最高統帥部認為，轉入反攻的時機到了。此時的德軍，已經被嚴寒和失敗徹底擊垮了。12月6日，蘇軍從莫斯科南面和北面展開大反攻。1942年初，蘇軍擊潰了進攻莫斯科的德軍，把德軍趕離莫斯科一百到二百五十公里，取得了莫斯科保衛戰的勝利。

　　早在西元1812年，在歐洲戰無不勝的拿破崙率領60萬大軍遠征俄羅斯。法軍憑藉先進的戰術、猛烈的炮火長驅直入，在短短的幾個月內攻占了莫斯科城。但只是一座空城，俄軍撤退時把所有能燒的全都燒光，沒留下任何有用的東西給法軍。幾週後，零下40多度的嚴寒降臨，對拿破崙大軍帶來了致命的詛咒，由於沒有冬衣，在飢寒交迫下，西元1812年冬天，拿破崙大軍被迫在零下40度的嚴寒中從莫斯科撤

退，沿途 60 萬士兵被活活凍死和餓死。歷史重演了，當紅軍經過鮑羅季諾的一座歷史悠久的紀念碑的時候，人們不禁感慨：130 多年前，入侵莫斯科的拿破崙軍隊也是在這裡被逼撤退的。德軍第 2 坦克集團軍司令古德林也將兵敗莫斯科城歸咎於俄羅斯的嚴冬。他說，如果不是嚴寒的阻遏，德國人 11 月分就在克宮裡飲酒慶功了。俄羅斯人卻說：「上帝用大雪淹沒了德國人，用嚴寒拯救了莫斯科。」

德軍在莫斯科戰役中的失敗，象徵著希特勒閃電戰的徹底破產。這是德軍在第二次世界大戰中的第一次大失敗。蘇軍的勝利，極大地鼓舞了蘇聯人民和全世界人民反法西斯戰爭的勝利信心。

莫斯科保衛戰的勝利，有力地證明了地理環境在戰爭中的作用。因地制宜，善用氣候條件，是指揮員取勝的重要法寶。

冰封生命線
── 西北風拯救列寧格勒

冰封生命線—西北風拯救列寧格勒

1941年6月，德國法西斯對蘇聯發動突然襲擊。德國陸軍元帥馮‧里布（von Leeb）率領的集團軍直逼列寧格勒（聖彼得堡）城下。在冬季即將來臨之前，馮‧里布的最後一次總攻未能得手，就轉而進攻提赫文這個要衝，企圖切斷列寧格勒的全部補給線，列寧格勒危在旦夕！

1941年的9月、10月分，德軍對列寧格勒進行了猛烈的空襲，僅10月4日這一天，德軍就持續空襲9個多小時。蘇聯內地向列寧格勒運送糧食的運輸線路被完全切斷，它使300萬列寧格勒軍民陷入了一場前所未有的飢餓「大災難」之中。列寧格勒被圍，與外界的往來幾乎全被切斷，陸上交通已經完全中斷，空中通道只能維持聯絡功能，因為當時制空權並不在蘇聯手中。

列寧格勒遭到陸上封鎖導致糧食供應急遽惡化。9～11月，居民的麵包配給量先後降低5次，11月20日降至最低限量：高溫工廠工人每人每天375克，一般工人和技術人員250克，職員和兒童僅125克。

自從列寧格勒與蘇聯內地的鐵路交通被完全切斷後，拉多加湖就成了列寧格勒唯一能從外界獲得糧食和其他一切必需品的水上生命線。拉多加湖，古時候稱之為「涅沃湖」，面積184,000平方公里，是歐洲最大的一個湖泊。它的南北長200多公里，東西最寬處達124公里，湖的北岸和西北岸都

是陡峭的懸崖巖壁，湖深達 250 公尺，而湖的南岸則是低平的砂土層和沙灘，湖岸也比較平整，湖深只有 20 幾公尺。但現在拉多加湖也僅僅剩下中間一段寬約 65 公里的水域不在德軍炮火的射程之內。

在 9 月 8 日列寧格勒被圍困之前，拉多加湖的水上航運業務主要是客運，而不是貨運。湖的東西兩岸都未建有大型現代化的港口設施和停泊碼頭，貨物的吞吐量極其有限。再加上秋天的拉多加湖經常是大霧瀰漫，狂風怒吼，而德軍飛機又整天在湖面上空盤旋掃射，使許多滿載糧食的平底駁船往往由於風大浪急和躲避空襲而觸礁沉沒。湖上的運輸船隻也經常被德國飛機炸沉，城裡的糧食供應日見困難。

列寧格勒市委和軍委採取了一系列緊急措施，同時準備一旦提赫文陷落，就修築一條從扎博里耶火車站向北繞過提赫文再到新拉多加的公路，來解決運輸糧食的問題。這條公路全長 200 多公里，但中間有一段是拉多加湖岸的水域。於是，拉多加湖何時結冰？冰的厚度是否能承受滿載糧食的汽車重量？就成為必須刻不容緩地予以解決的問題。

有關人員查閱了大量資料，終於發現在 1905 年的《俄羅斯地理學會通報》上有一份報告。報告的作者是一個名叫蘇霍·扎哈羅夫的燈塔看守員。作者根據對拉多加湖的幾十年觀察指出：拉多加湖整個湖面是不會結冰的，但沿湖地帶每

年都結冰,其厚度足以支撐人車自由通行。報告還提供了拉多加湖沿岸歷年開始結冰的日期。根據這些資料的進一步調查表明,公路必須通過的那段沿岸水域肯定是會結冰的。果然,冬季到來後不久,拉多加湖沿岸開始結冰,冰層厚度很快超過了 10 公分。

11 月 9 日,列寧格勒的軍軍事委員會就作出決定,立即沿著靠近什利謝爾堡海灣那段已冰封的湖面,從西岸的包利洛瓦 —— 格里瓦車站和拉多加湖車站至東岸的列德涅沃修建一條冰上軍用公路。可是,要想在封凍的拉多加湖面上修築一條運輸公路是談何容易。列寧格勒的科學工作者在對拉多加湖結冰情況進行了一次實地考察後,他們發現在靠近南岸風平浪靜的淺水區內,一般在 10 月底至 11 月初就開始結冰了,而在什利謝爾堡海灣內打算修築冰上汽車運輸線的那一段湖面,一般要在 12 月中旬,部分區域甚至要在翌年元旦才能結冰。另外,拉多加湖的冰層表面凹凸不平,坑坑洞洞很多,特別是在淺水區內,疊積的大冰塊有時會形成高達五至十公尺的冰丘,其周圍堆著一層厚厚的積雪,因而底下的冰層較薄,當載重汽車駛過這些地方時十分危險,隨時都有可能因冰面裂開而連車帶人掉進冰洞裡。

11 月下旬,拉多加湖開始封凍,水上運輸暫停,這使列寧格勒的糧食供應更趨緊張。在這飢寒交迫的日子裡,死神隨時隨地都會奪走人的生命,列寧格勒城內每天都有數以千

計的人因飢餓而喪生。正在生產的工人餓死在機床旁，指揮交通的警察餓死在崗亭裡，正在搶救危重病人的醫生餓死在手術檯前，年老體弱的居民餓死在購糧途中⋯⋯

時間不等人！被圍的列寧格勒軍民每時每刻都有人由於飢餓而倒下，他們急待從內地運進糧食、燃料和武器彈藥。但時至 11 月 16 日，拉多加湖冰層的厚度還僅有 10 公分，這頂多可以供不載貨的馬拉雪橇勉強通過。而要進行大規模的冰上汽車運輸，冰層厚度至少需要達到 20 公分以上。根據水文工作者的測定，氣溫在攝氏零下 10 度時，湖面冰層厚度達到 20 公分需要 6 個晝夜，30 公分則需 12 個晝夜；氣溫在攝氏零下 15 度時，冰層厚度達到 20 公分需要 4 個晝夜，30 公分則需 8 個晝夜。

11 月 18 日清晨，拉多加湖面上颳起了期待已久的西北風，天氣寒冷刺骨，至黃昏時分，氣溫驟然下降了攝氏 12 度。可以說，是西北風挽救了垂危的列寧格勒。11 月 20 日，湖面冰層的厚度已達到 18 公分。這時，列寧格勒方面軍軍事委員會認為：形勢逼人，時不我待，他們決定立即用馬拉雪橇，在築路勘探隊員冒著生命危險以標竿標明走向的冰道上開始實驗性運輸，把堆放在湖東岸列德涅沃轉運站的大量糧食和其他急需物資迅速運往西岸的包利洛瓦 —— 格里瓦車站和拉多加湖車站。

冰封生命線—西北風拯救列寧格勒

儘管當時挑來趕馬拉雪橇的都是從郊區農莊裡精心挑出來的富有經驗的好馭手,但在第一天的冰上運輸中,還是有不少馬拉的雪橇因冰面破裂而掉進了湖裡。另外,考慮到馬拉雪橇不僅載運貨物少,而且還要耗費飼料,尤其是在遇到暴風雪時,極易迷失方向而掉進冰洞。所以,這種運輸方式不久就放棄了。

11月21日,修築在離拉多加湖南岸12公里至13公里地方,也就是在什利謝爾堡德軍炮火射程內的第一條冰上汽車運輸幹線,經過列寧格勒軍民的勤奮勞動,終於勝利通車了。為了突破敵人的封鎖,列寧格勒軍民不惜一切代價迅速採取果斷措施,開始進行實驗性運輸。第二天晚上,由60輛大卡車組成的第一列車隊載著運往列寧格勒的貨物從拉多加湖東岸的卡鮑納出發,經冰上公路駛往西岸的奧西諾維茨。

就是這條後來晝夜通行的冰上公路在1941～1942年間,也就是冬季列寧格勒處於飢餓圍困最艱難的期間,連通了拉多加湖東西兩岸的運輸線,成了列寧格勒賴以取得外界支援的唯一通道,因而被列寧格勒軍民譽為他們的「生命之路」。

在「生命之路」剛通車時,拉多加湖的冰層還不是十分穩固,有些地段的冰層厚度只有24公分。卡車駛過時,冰層發出嘎吱嘎吱響聲,隨時都有被壓裂的危險。在寒冷中行駛的司機不僅注意力要高度集中,而且還得把駕駛室的車門打

開,以防萬一遇到冰裂時能夠迅速跳出駕駛室。

由於湖面冰層還沒有達到安全運輸所需要的 30 公分的厚度,再加上司機又都缺乏冰上駕車的經驗,因此每輛卡車開始時不僅載貨少,而且速度慢。一輛載重量為 2 噸的卡車有時僅載運 3、4 百公斤,有的車隊來回一次竟費時 10 個至 12 個晝夜。從 11 月 23 日至 12 月 1 日十天時間,雖然司機們歷經千難萬苦,但車隊總共才為列寧格勒運來了 800 噸麵粉,還不敷兩天之需,然而在此期間,卻有 40 名司機陷入冰洞之中。

1941 年 12 月 9 日,儘管列寧格勒軍在沃爾霍夫軍的配合下,一舉收復了提赫文,大大縮短了汽車運輸的路程,運輸狀況卻仍然沒有得到多大的改善。這是由於這年冬天氣候反常,大雪瀰漫,狂風呼嘯,使湖面冰層經常斷裂,而從裂開的冰縫裡滲上來的湖水很快又被凍住了,結果使湖面平如玻璃,又光又滑,汽車在這樣的冰面上行駛時不僅車輪經常會空轉打滑,而且方向也極難掌握,有時狂風甚至會把滿載貨物的汽車刮離冰上車道 5、6 公尺遠。此外,德軍為了破壞冰上運輸,也不斷派出飛機盤旋在拉多加湖上空,對車隊進行瘋狂的轟炸掃射;什利謝爾堡的德軍砲兵則乾脆集中瞄準一段寬達 5 公里至 10 公里的冰面,送上數以千計的高爆砲彈,造成冰面裂縫重重,彈坑纍纍,車隊一時無法安全通過。

冰封生命線─西北風拯救列寧格勒

為了提升冰上運輸速度，確保行車安全，列寧格勒軍軍事委員會決定立即在什利謝爾堡德軍砲兵射程之外的安全地帶另外開闢 4 條單向路線：其中兩條供滿載貨物的汽車從湖東岸駛往西岸；兩條則供載著疏散到大後方去的列寧格勒居民的回程汽車駛回東岸。儘管這樣，當時經過這唯一的「生命之路」運進列寧格勒的貨物還不到最低限量的三分之一，列寧格勒的困境仍沒有解脫。

在這條被稱之為「生命之路」的冰上運輸線上，勇敢的司機們每增加一公斤的貨運量都得付出大量的血汗甚至是寶貴的生命。隆冬季節，他們冒著零下三四十攝氏度的嚴寒和十級以上的狂風，日日夜夜地行駛在百里冰封的湖面上，一面把糧食、燃料和其他急需物資運進被圍困的城市裡，一面又把婦女、兒童、傷員以及最重要的設備和文化藏品撤離該城。

就是這條後來晝夜通行的冰上公路，在 1941 年冬季前後，列寧格勒處於飢餓圍困最艱難的期間，連通了拉多加湖東西兩岸的運輸線，成了列寧格勒取得外界支援的唯一通道，當之無愧地被列寧格勒軍民譽為他們的「生命之路」。

由於採取了各種強而有力的措施，經拉多加湖「生命之路」運進列寧格勒的貨物量開始一天比一天多，貨運的速度也一天比一天快了。隨著運進列寧格勒的糧食日益增多，

市內的糧食儲備有所增加。1942年4月，日丹諾夫（Andrei Zhdanov）有一次很風趣地對人們說：「好啦！現在我成為一個富人了，因為我已有了十二天的糧食啦！」就這樣，傳奇般的拉多加湖「生命之路」，終於使列寧格勒軍民戰勝了飢餓的威脅，從而徹底挫敗了希特勒妄圖困死列寧格勒人的罪惡計畫。

1942年春天，德軍以為天氣轉暖，拉多加湖的運輸就會停止。但他們沒有料到，天氣轉暖後，蘇軍開通了多條航線，並增建碼頭以保證物資持續運輸，德軍困死列寧格勒軍民的企圖被徹底粉碎。

1944年1月14日，列寧格勒人民盼望已久的大反攻開始了。經過兩個星期的激烈作戰，蘇軍取得了重大勝利。1944年1月27日，列寧格勒軍軍事委員會在祝捷大會上莊嚴宣布：「列寧格勒城現在已經從敵人的包圍中，從敵人的野蠻炮擊中獲得了徹底解放。」列寧格勒人民終於取得了保衛戰的重大勝利。

冰封生命線—西北風拯救列寧格勒

巧用天時
——珍珠港偷襲的氣象助力

巧用天時—珍珠港偷襲的氣象助力

珍珠港位於夏威夷群島的中心——瓦胡島的南端，周圍水域 10 平方公里。港灣的中央有個福特島，是美國海軍的航空站。珍珠港是 1940 年代美國在太平洋上最大的海軍基地，也是美國太平洋艦隊的主要駐紮地。1941 年 12 月 7 日清晨，日本海軍的航空母艦艦載著飛機和微型潛艇，突然襲擊美國海軍太平洋艦隊在夏威夷基地珍珠港以及美國陸軍和海軍在瓦胡島上的飛機場，太平洋戰爭由此爆發。這次襲擊最終將美國捲入第二次世界大戰，它是繼 19 世紀中墨西哥戰爭後，第一次另一個國家對美國領土的攻擊。這就是美國歷史上的「珍珠港事件」。

1940 年代初，日本為了建立他們夢寐以求的「大東亞共榮圈」，南下太平洋是其重要的策略目標。但是，美國成為他們實現這一夢想的一大障礙。1941 年初，日本海軍聯合艦隊司令大將山本五十六對南下太平洋進行了初步的謀劃，選擇攻擊美國海軍主力艦隊為突破口，以此實現日本帝國的「大東亞」美夢。「一旦開戰，搶先給珍珠港當頭一棒，使美國的太平洋艦隊不能動彈，奪取制海權和制空權。」日本就是這樣謀劃的。珍珠港成為日本攻擊美國太平洋艦隊的聚焦之地。

1941 年 9 月，襲擊珍珠港的作戰計畫迅速地在祕密中具體化。山本五十六制定了代號為「Z」的偷襲計畫。在確定了作戰艦隊的組合和艦載機參戰數量之後，以天氣為主的一些因素成為偷襲是否能夠成功的關鍵。

為了確保偷襲成功，日本人在行動之前進行了充分而又慎密的研究。日本人在珍珠港早就安插了大量間諜，經過多年的觀察、記錄，他們掌握了珍珠港的常年氣候特徵：港口的進口，只有一個深 13.7 公尺的疏濬水道。由於地理位置的關係，珍珠港不避東北季風，尤其在七八月分比較強，特別是在東灣顯得更強，其速度可達每秒 9 公尺以上。但與此相鄰的火奴魯魯港，卻與此相反，此時可能是風平浪靜、無雲，整個港內的潮流不是很強，落潮流量多有時達 0.5 節（約每小時 0.9 公里）；海流通常穿越有岸礁的進口航道向西流。西北太平洋中緯度海面處於西風帶控制之下。從千島群島到阿留申群島往東，一年四季多雲多霧多雨多雪多風暴。秋冬時節，從強大的阿留申低壓中，不斷地分裂出一個鋒面氣旋，它們在東移過程中引導著冷空氣頻頻向南擴散。氣旋的鋒區內，陰雲密布，風雪交加，翻滾的海浪會對航行的軍艦造成不小的困難；但強勁的西到西北風，又會增加艦船航速。更為關鍵的是，在這樣複雜惡劣的天氣帶裡航行，美軍難以預料，即使想到了，也很難發現。另外，隨著洋區向南延展，海面上空的雲系也由濃厚變得疏淡，以至天空晴朗無雲，從而使美國海軍基地暴露在光天化日之下。

日本人重點分析的問題是，在攻擊之前的行動中是否能夠逃避美國的警戒網，這對於確保偷襲成功非常重要。為了克服這個困難，日本人選擇了水文氣象環境條件複雜的北航

巧用天時—珍珠港偷襲的氣象助力

線,即從太平洋北部海域路線進抵夏威夷的航線。因為北航線位於高空西風急流之下,氣旋活動頻繁,航線上經常是狂風怒濤。在這樣的航線上航行的商船少,美軍偵察機也不大可能在這樣的海域上空巡邏,被發現的機率就會很小。

對於這條捨近求遠的路線也不乏反對聲音,但參謀本部會同氣象專家商量後,確認是可行的,這是因為:

第一,北線大致上位於北緯 20 度附近,既順風又順水(西風帶、北太平洋暖流的存在),加上暖流隊天氣的影響,使這裡多霧,便於隱蔽艦隊。

第二,在航線上,為了確保安全,人們多選擇信風帶航行,而日本艦隊出乎意料地從多風暴的西風帶航行,出其不意,攻其不備,偷襲成功。

另外,為了保密,航行中的突擊艦隊嚴禁無線電通訊,同時在瀨戶內海的綜合艦隊主力部隊以及九州地區的基地航空部隊,故意進行假通訊,偽裝艦隊仍在九州地區繼續進行訓練,欺騙美軍。甚至在偷襲珍珠港前夕,美國海軍部的情報人員還就日本海軍主要艦隻的位置起草了最新報告,說日本絕大部分軍艦都在國內港口。

還有一個必須解決的問題是,軍艦從日本到珍珠港在海上航行需 12 天,由於選擇了北航線;在途中的補給工作是否能順利進行?若途中風平浪靜,則艦艇加油補給順利;若狂

風大浪,則補給困難重重。為此,日本海軍的聯絡官於 1941 年的秋天就頻繁地到日本中央氣象臺預報科,反覆確認千島群島東部海域出現好天氣的時段。日本中央氣象臺分析,預計 11 月下旬到 12 月上旬,北航線上不像往年那樣不平靜。於是,日本海軍突擊艦隊於 11 月 22 日祕密集結於千島群島擇捉島的單冠灣。

11 月 26 日清晨,南雲中將按預定計畫率領龐大的突擊艦隊,在密雲低垂的集結地拔錨啟航,取北航線,以壯觀的輪形隊伍,浩浩蕩蕩,殺氣騰騰地向遠在 3,600 海里外的珍珠港撲去。12 月 7 日拂曉,在海上航行了 12 天的突擊艦隊到達了珍珠港以北 230 海里的預定出擊點。這時,日本艦隊的行動仍然沒有被美方的警戒網所發現。此時的珍珠港仍像往常一樣,一派和平的景象。港內停泊著美國太平洋艦隊的 8 艘戰列艦和幾十艘其他艦隻,島上停著 387 架飛機。官兵們準備安安靜靜地享受愉快的星期天。

在攻擊之前,日軍偵察機提前 30 分鐘起飛,在空中偵察珍珠港附近的情況,不時地向指揮部發回包括風向、風速、雲及能見度等氣象因素在內的情報。

事後,據美國人報導,日本人在偷襲珍珠港時有效地利用了鋒面天氣。日本人從冷鋒後面進來,不易被察覺。空襲時,珍珠港上空的天氣為多雲。有一個美國海軍軍官在記事本上記述那天早上的情況時寫道:「頭頂上正好有足夠的碎

巧用天時—珍珠港偷襲的氣象助力

雲，保護日本人，而引起我們高射炮火的混亂。日本人有一個優秀的氣象局，並完善地利用了它。」從此，12月7日便成為美國人的國恥日。

在日本奇襲珍珠港，大敗美軍艦隊消息傳開後，日本國內舉國歡騰，東條英機甚至說：「我保證終能取得最後勝利。」而山本五十六卻說：「戰爭終於要開始了，雖然現在到處充溢著熱鬧喧譁，但這一切都會消失⋯⋯珍珠港的勝利微不足道，不適合用來大肆宣傳，這樣會使日本人民忽略了事情的嚴重性。」日本偷襲珍珠港，成為美國歷史上最為慘痛的戰爭災難，演繹了一場人間悲劇。對於美國而言，不幸中萬幸的是，太平洋艦隊的航空母艦在日軍偷襲的當天正好不在港內。然而對於日本而言，偷襲珍珠港最終表明是一場更大的失敗，它正好讓主戰的羅斯福（Franklin Roosevelt）總統找到了對日宣戰的最好藉口，他再也不用說服國會以保護英國和荷蘭殖民地的名義向日本宣戰，而本來對參戰與否猶豫不決的美國人民也立即團結，一致加入對日作戰國家行列，改變了第二次世界大戰的走向。

瘋狂的「飛象」
── 異想天開的氣球炸彈

瘋狂的「飛象」──異想天開的氣球炸彈

第二次世界大戰後期，美國在海外與日本的作戰節節勝利。然而，在美國本土的西部森林裡卻接連不斷地出現神祕大火，大火導致大片森林被毀。美國當局誤以為是祕密潛入美國本土的日本間諜所為，於是出動了大批人員連續幾天進行地毯式搜捕，可是連日本人的影子都沒有發現。無奈之下，美國當局只好選出一批特務人員24小時留在森林中「守株待兔」。經過嚴密地偵察監視，特務人員發現導致森林大火的「元凶」不是什麼日本間諜，而是神祕的「空中怪物」。這種「空中怪物」不知是從哪裡飛來，到達森林上空後會自動拋下一個炸彈，爆炸燃燒引發大火。

其實，當時的美國當局主要擔心的不是「空中怪物」會對美國森林帶來什麼災難，而是擔心假如這種「空中怪物」出現在人口稠密的地區，後果會是怎樣？果然沒過幾天，這種可怕的事情就發生了：大量「空中怪物」出現在華盛頓、奧勒岡和蒙大拿州等地區上空，投下的炸彈導致了人員傷亡。為此，美國當局採取了一切可能的措施，包括空軍出動大量戰鬥機進行攔截，但是依然無法有效對付「空中怪物」。因為與普通飛機不同的是，「空中怪物」飛行時沒有任何聲音，而且出現的時間也毫無規律。面對這種情況，美國當局卻毫無辦法，一時間，「空中怪物」把整個美國弄得人心惶惶。出於對戰爭全面性的考慮，美國當局對此事進行了嚴密的消息封鎖，不允許美國媒體報導。不過非常令人費解的是，這種「空

中怪物」頻繁地出現了一段時間之後就開始逐漸減少，最後竟然神祕消失了。二戰結束後，在審判日本戰犯時，美國人才恍然大悟，日本人卻後悔莫及。原來這種「空中怪物」是日本當時投入大量心血研製的一種祕密武器——「氣球炸彈」。

《三國演義》中諸葛亮巧借「東風」的故事，成為千古佳話，廣為流傳。但這個故事純屬虛構，而第二次世界大戰中，日本人卻巧借「西風」，施放氣球炸彈，「**轟炸**」了美國本土。這是一段鮮為人知的歷史。

瘋狂的「飛象」──異想天開的氣球炸彈

罪惡的「黑科技」和「黑專家」

日本為了確保在戰爭中贏得勝利，在氣象研究上投入了大量心力。他們採取各種手段收集氣象情報。日本長期以來有侵略中國的野心。從19世紀末，就開始收集中國氣象資料。1904年，日本在日俄戰爭中獲勝後，在中國東北及其駐中國沿海的領事館設立了氣象觀測站，蒐集氣象情報。第一次世界大戰後，又接收了德國在青島、濟南等地的氣象站。1931年以後，日本先後侵占東北、內蒙、華北等地，大規模地建立或控制氣象站臺，推行日本觀測標準，收集氣象資料。同時開始收集太平洋和東南業各國氣象資料。1934年後，在中、西太平洋群島建立了十幾個氣象站。1935年，日本中央氣象臺增設外國氣象科。1932年開始研究探空和測風的技術。1933年開始用飛機進行氣象觀測。1938年，海、空軍委派有關氣象機關和學校研究飛機結冰等問題。

1937年，日軍對中國發動戰爭，為了因應日軍作戰的需求，日本的氣象研究全面軍事化。1938年，設立了陸軍氣象部，掌管軍隊所需的氣象調查、研究、統計及其他氣象勤務。日本陸軍在中國還設立了軍事氣象站。1941年後，日本海軍氣象站擴張到其所有的占領區。僅1938～1940年，在長島和南洋群島就建立了20個以上的站臺，1942年從海軍航保部獨立出來，成立了海軍氣象部。

與此同時，軍事氣象人員不斷擴充。從 1935 年起，日本在陸軍炮工學校內設立了氣象部，進行正式的氣象教育。1937 年，中國抗日戰爭開始以後，日軍以這些學生為核心，編立了野戰氣象隊，逐步送到華北、華中戰場上。

1946 年，遠東國際軍事法庭庭審現場，站在法庭上的被告看似文質彬彬的一位學者，他的名字叫荒川秀俊。當審判官詢問他的服役單位時，荒川答道：「我不是軍人，我從沒有服過役，我是管氣象的。」頓時，聽眾席上的人們發出一陣驚呼：「氣象學家為何被押上審判臺？」審訊法官見此情景，搖了搖鈴，威嚴地說：「沒錯，你沒有入伍，但你被日本海軍僱傭，以一種特殊形式參戰。你所造成的破壞作用，遠勝過一支凶悍的部隊，你是氣象博士，但又是一個軍事氣象學家，你的罪行是不能讓人饒恕的！」人們瞪大眼睛，靜候法官的判決……

站在被告席上的荒川，早年畢業於早稻田大學的氣象學系，是學生中的佼佼者。太平洋戰爭爆發前，在日本中央氣象臺就職。1942 年夏天，日軍為鞏固已占的南洋島嶼，欲在拉包爾等地擴建機場，特邀中央氣象臺工作人員協助，考察氣象，並建立前線氣象站。雄心勃勃，欲一展鴻圖的荒川秀俊欣然前往。

運送荒川一行人的飛機在太平洋的萬頃碧波上飛翔，機翼下是翡翠般的島鏈。當荒川興致正濃時，兩架美國戰鬥機

瘋狂的「飛象」──異想天開的氣球炸彈

像強盜一樣撲了過來。日機想鑽進雲層逃開,但為時已晚,一串機關炮打來,荒川乘坐的飛機冒起了黑煙。好在駕駛員技藝高超,在海灘上迫降成功。不過,當駐島的日本士兵把荒川從機艙內拖出來時,他已多處受傷。

出師未果,幾乎喪生。荒川回國治療期間,日思夜想,如何對美國人進行報復。當然,這種報復情緒不完全出於荒川個人,1942 年春天杜立德(Jimmy Doolittle)轟炸東京後,日本國民群情激憤,無不咬牙切齒。如何報復呢?再來一個珍珠港,絕無可能。像杜立德那樣回敬華盛頓,日本人想都沒有想過。

荒川有荒川的辦法。他是氣象專家,他知道在 1 萬公尺的高空,有一層向東的氣流,從西太平洋流向東太平洋,從日本可以到達美國。如果有無數顆掛上炸彈的氣球,後果可以想像⋯⋯荒川想出了他的祕密武器──氣球炸彈,而且還畫出了草圖。於是,荒川秀俊向日本軍部呈上一份建議書和那張氣球炸彈的設計圖。他在建議書中說,在長期研究中,他發現,在北太平洋中緯度地帶,1 萬公尺左右的高空有一個由西向東強大而恆定的大氣環流層,風速約為每小時 300 公里。日本和美國處在相同的緯度上,如果從處於上風位置的日本釋放若干個氣球,懸掛一些炸彈,不出意外的話,氣球炸彈便可以順風飄到美國,實現轟炸美國本土的計畫。當時日軍在偷襲珍珠港以後又忙著侵占東南亞和南洋諸島,所以沒有考慮這一計畫。

1944 年，美國對日本本土展開了史無前例的策略大轟炸。美國空軍的 B-29「超級堡壘轟炸機」不分晝夜地出入日本列島，幾乎把一座座日本城市夷為平地。面對著濃煙四起、滿目廢墟的國土，日本軍方惱怒萬分，恨不得立即對華盛頓和紐約進行同樣的毀滅性打擊。無奈日本當時生產不出能遠渡重洋的遠端策略轟炸機，而在東太平洋，美國海軍又擁有絕對的制海權和制空權，日本的航空母艦編隊根本無法靠近美國的西海岸。

為擺脫軍事上接連失利的陰影，日本首相小磯國昭冥思苦想，費盡心機。有一天，一份呈送給首相的建議報告讓他心裡一震。

報告是這樣寫的：

首相閣下：

當前國運日蹙，國人甚憂。兩年前我曾有一份詳細的建議，以氣球炸彈遠襲美國本土，不料石沉大海，恐已束之高閣，今特再次舉議，望予關注。若能付諸實施，定可振我大日本帝國之威。

中央氣象臺荒川秀俊博士

這份報告引起了小磯國昭的注意，他當即批示：立即派專人研究計畫的可行性。

為了讓這些氣球準確地飛到美國本土，並在降到地面時

瘋狂的「飛象」——異想天開的氣球炸彈

爆炸，荒川又想出了一個控制氣球炸彈運行的方法，採用計時器和沙袋。按照設計要求，氣球炸彈在日本點火升空後，必須達到並保持在 10,058 公尺的高度，因為只有在這個高度上，才有一股比較穩定的西風氣流。為此，荒川在每個氣球的吊籃裡裝進 30 個 2～7 公斤的沙袋，當氣球低於 10,058 公尺時，由於大氣壓力的作用，固定沙袋的螺絲便自動解脫，沙袋依次脫落，重量減輕，氣球升高。而當飛行高度高於 10,058 公尺時，氣球氣囊的一個閥門則會自動開啟，排出部分氫氣，氣球體積變小，浮力減小，高度就降低。這樣便可大致控制氣球在大氣環流層中處於合理的高度。同時，他們還在氣球上安裝計時器，一旦氣球進入恆定氣流，即開始計時。按照荒川秀俊的計算，如果氣球炸彈平均以每小時 193 公里的速度飛行的話，48 小時後就可抵達美國西北部華盛頓州、奧勒岡州和蒙大拿州上空。如果想讓氣球再進一步深入美國本土，可以調整計時器以達到目的。當氣球到達美國後，因為計時器的作用，氫氣慢慢排出，氣球浮力逐漸減少，氣球炸彈便會逐個落地爆炸。

荒川秀俊「氣球炸彈」的可行性論證很快就被急得火燒眉毛的日本當局採納，一種極富創造性，且足以把戰火引向美國心臟地帶的武器在這一背景下出爐了。

「飛象」計畫

　　「飛象」計畫是第二次世界大戰中日本最富有創意，也是戰爭史上最奇特的戰爭計畫。計畫的核心內容是：研究和製造成千上萬個巨大的熱氫氣球，下面吊裝重磅燃燒彈，先在日本本土點火升空，然後藉助太平洋上空穩定的東去氣流，向東飄過太平洋，到達美國的西北部地區，最後再在這些地區落地爆炸。

　　日軍大本營對這個富有想像力的大膽計畫大為讚賞。一直愁眉不展的軍事指揮官們一致認為，這種特殊的武器是美國絕對始料未及的「祕密殺手」。如果這個計畫能夠成功的話，不僅可以狠狠地懲罰那些「可惡的美國佬」，大大地出一口氣，而且還可能扭轉整個不利的戰局，擺脫日本長期以來的被動局面。

　　為了製造這種前所未有的祕密武器，日本幾乎動用了全國的人力、物力。按照計畫，將生產 15,000 個氣球，製造這 15,000 個氣球需要幾百萬個勞動力。為了製造這種前所未有的祕密武器，日本當局幾乎動員了全國所有的人力、物力和財力。熱氫氣球體積龐大，直徑為十幾公尺甚至數十公尺，一般的場所根本無法容納。軍方一聲令下，日本的大部分電影院被拆去座位，成為臨時的氣球製造工廠；一些大型相撲

瘋狂的「飛象」─異想天開的氣球炸彈

館也被徵用,用作製造氣球或儲備製作原料。由於成年男子都去當兵打仗,所以組裝氣球的「主力軍」就由婦女和孩子們來擔任,其中既有小商小販和專門製作燈籠的裱糊匠,也有中小學生、女職員、家庭主婦等,甚至連藝妓也放棄了專業,加入了製作氣球炸彈的團隊。

熱氫氣球的主體是用紙糊起來的,但這種紙並不是普通的一般紙張,而是一種經過特殊處理的紙。這種紙是採用桑樹科的楮樹樹皮的紙漿製成,並以蒟蒻澱粉漿糊為黏合劑黏貼,被稱為「和紙」。

許多日本學校的孩子們都被召集來製造用於攻擊美國的氫氣球。這種氫氣球的直徑約為 10 公尺,其最初的版本是用紙製作的,但很快製作材料就被綢緞取代。製作完成後,氫氣球中被充滿氫氣,使其擁有足夠的動力將重達 15 公斤的炸彈帶上天空。除了炸彈外,氫氣球還攜帶著燃燒彈,以及 36 個沙袋。經過舉國上下的艱苦努力,1 萬多個巨大無比的氣球炸彈終於如期完工,日本各地處處都擺放著這種龐然大物,構成了一幅非常壯觀的景象。

1944 年 6 月,第一批 200 顆氣球起飛,但因設計上的問題,沒有一個成功飛越太平洋。改進設計後,氣球炸彈基本上已經準備就緒。1944 年 8 月 1 日,在日本四國島東部海濱的一個祕密的軍事基地內,傳出了「向北美進攻」放飛命令。

太陽剛剛升起，一批日本軍官就站在各個制高點上，把軍刀指向東方，下達了「氣球升空」的命令。日本的千葉、茨城、福島等地，幾乎同時升起了幾千個碩大無比的熱氫氣球。成千上萬名婦女和孩子歡呼雀躍，淚流滿面，一直目送著這些自己親手做成的「祕密武器」晃徘徊悠地消失在遠方的天際。為了「壯行」，日本大本營還鄭重其事地派出高級參謀軍官到神社為這些祕密武器遠征北美而祈禱。幾百顆乳白色的大氣球攜帶著一束束炸彈徐徐升起，到達高空後，氣球受高空氣流的推動，越洋跨海向東飛去……

作為技術總顧問的荒川博士不禁心頭一熱，第二次世界大戰中絕無僅有的氣象祕密武器——氣球炸彈襲擊戰拉開了帷幕。

瘋狂的「飛象」——異想天開的氣球炸彈

事與願違

　　氣球炸彈被釋放後，能飛到 1 萬公尺以上的高空，在風力的幫助下，最高飛行速度能達到每小時 193 公里。隨著氫氣慢慢洩漏，氣球不斷降低飛行高度，最終墜落。在 1 萬個氫氣球炸彈中，有 1,000 個氣球最終成功抵達目的地，剩下的氣球有的在空中爆炸，有的墜落在海裡。有些氣球甚至最遠抵達了堪薩斯州和德克薩斯州，還有些氣球到了墨西哥和加拿大。

　　美國西部地區防衛司令部的威廉波准將，被連續不斷的森林大火鬧得狼狽不堪。瀕臨太平洋的美國西部，是內華達山脈和洛基山脈相挾的廣闊山區，生長著茂密的森林。往年也有森林火災，但多發生在乾旱的春季。今年反常，在寒冷並時有落雪的冬天，也火警不斷。一處未熄，一處又起，消防隊疲於奔命，駐軍也被召集來滅火。威廉波是防衛參謀長，但從未見過一架敵機，反成了道地的救火總司令有人說起火時還聽到了爆炸聲，但國民兵從未抓獲過一個陰謀破壞者；還有人說是天外來客做的，也查無實據。威廉波組織了消防專家、氣象專家和聯邦調查局的人員會商，仍百思不得其解。

　　據《舊金山觀察家報》(*San Francisco Examiner*) 報導，1944 年 12 月的一天，一艘海岸警衛隊的近海巡邏艇正在加利福尼亞海域執勤，觀察兵大喊：「右前方，一片白色漂浮

物！」巡邏艇靠近，認定是一頂降落傘，可能是飛行員訓練中遇險。艇上的士兵開始打撈，手碰到傘布時產生了懷疑。粗糙、生硬，為什麼沒有平常的降落傘那樣柔軟呢？他們拚命地往艇上拉，但墜在水下的牽引繩似懸有重物。幾經周折，他們精疲力竭，揮刀斬斷了繩索。幾塊破片被送往華盛頓的海軍研究所檢驗。檢驗報告很快出來了，這是一種氫氣球的殘片，用精製羊皮紙加塗植物性膠質製成。殘片上遺留的日文假名表明，它來自日本。

僅憑「來自日本」的結論，就震撼了美國軍界。幾艘艦艇緊急開往發現海域，由於海水太深，打撈了兩天，一無所獲。

詭計多端的日本人究竟發明了什麼武器？威廉波想到罕見的山火，頭腦中構想出氣球炸彈的輪廓。「乳白色魔鬼！」凶訊不脛而走。

與此同時，美國蒙大拿州的一個漁夫在打魚時撈起了一個氣球氣囊的部分碎片。之後，美國的其他州也發現了若干碎片；同時接到若干起森林小火災的報告。美國科學家將這些碎片進行拼接，確定肇事者是一種紙氣球攜帶的燃燒彈。

1945年5月5日，氣球炸彈在美國造成了一起人員傷亡事件。當天，一位牧師帶著妻子和5個孩子到俄勒崗州布萊附近的山上野炊。牧師把妻子和孩子留在一個林間空地，自

瘋狂的「飛象」—異想天開的氣球炸彈

己準備找一個合適的地方泊車。孩子們發現空地中間有一個半埋在土中奇怪的金屬物品，好奇地試圖將它拉出來，誰知這是一枚氣球投下未爆炸的炸彈，炸彈在移動時爆炸，牧師妻子和5個11～13歲的孩子被炸死。這是二戰時美國本土唯一一次因為敵方襲擊造成的的人員傷亡。

發現氣球炸彈和造成傷亡的消息一個接一個，西部的居民似乎面臨世界的末日，惶惶不可終日。各地建起了對空瞭望哨，防備天降神兵。一些人行路坐車，總不忘朝天張望，誤把一隻鳥、一架飛機也當作「乳白色魔鬼」，引起一陣陣恐慌。

威廉波和他的助手心急如焚，但老虎吃天，無處下口，這是一場只能被動防禦，無法積極反擊的戰爭。有幾次威廉波被氣糊塗了，怒氣沖沖地責問手下：「為什麼我們就不能造氣球炸彈去炸日本人？」「將軍，如果我們放氣球，它們只能越過大西洋，去炸我們的英國盟友。因為上帝總是安排高空刮西風。」

這些氣球炸彈不僅造成了美國的頻繁大火及人員的大量傷亡，同時還使美國西部的居民們惶惶不可終日，商店關門，工廠停產，交通中斷，整個社會處於癱瘓狀態。但更為嚴重的，還是對建在內華達州的機密原子彈工廠構成了極為嚴重的威脅，如果這些氣球炸彈一旦引起了原子彈工廠的爆炸，那麼，正在研製的原子彈計畫將會受到無法估量的破壞和損失，美國人朝思暮想的原子彈也會因此而流產。對此，美國朝野一片驚慌，迅速組織得力人員去調查此事。

1944 年底，美國啟用馬里亞納基地，日本列島進入了美國遠端轟炸機的作戰範圍，被氣球炸彈困擾的美國人開始尋求反擊。反擊的前提是要找到日本的氣球製造廠和施放基地。偌大的日本，到哪裡去找呢？

　　為了確定氣球炸彈發射地，美國科學家分析了一個撿到的沙袋中的沙子，沙子中沒有珊瑚碎屑。根據北緯 36 度線以上的海域沒有珊瑚生長，沙子的主要成分是火山岩，斷定氣球是由日本本州島的沿海地區起飛。經過 B-29 戰機的高空偵察，美軍發現了若干氣球發射場，證實了科學家的推斷。另外，一個操縱機構出了問題的氣球飛到加利福尼亞州的低空，美國戰鬥機很容易地用飛機的尾流將氣球吹到地面，得到一枚氣球的實物樣品。

　　這一方法被推廣開來，被美國俘獲的氣球炸彈越來越多，保持平衡用的沙袋中的沙子引起了威廉波和參謀人員的注意。沙子的顏色、質地多不相同，表明採自不同的地域。威廉波請來了對日本地形、地質頗有研究的專家、學者，斷定沙子取自九州、四國和本州的 5 處海濱。在此後的航空偵察照片上，發現了在這些地方有白色的圓形物體。太平洋空軍隨即進行了大規模的轟炸。但是，日本的氣球炸彈作戰並未停止，日本人分散了製造點，作戰的基地也從空曠的海濱轉移到隱蔽的山區，施放的氣球每月仍達 1,500 個左右。

瘋狂的「飛象」──異想天開的氣球炸彈

　　針對日本計劃使用的「氣球炸彈」，美國政府立即對氣球威脅進行評估，評估認為光靠氣球上的小型炸彈，在遼闊的美洲大陸上漫無目標的拋擲，不會造成什麼損失。令人擔憂的是如果日本將燃燒彈換為生物武器，將鼠疫、炭疽等惡性傳染病的致病源撒向美洲，美國就將遭受重創。有消息傳聞，日本人在中國的東北試驗使用細菌武器。

　　由於戰時美國的反間諜工作極有成效，日本只能透過媒體的公開消息了解情報。面對接踵而至的氣球炸彈，威廉波在進行有效防衛的同時，斷然採取新聞封鎖措施，他報經國會批准，禁止全美一切新聞媒介刊載有關氣球炸彈的消息，無論是炸彈爆炸造成的傷亡損失，還是發現、捕獲炸彈的報導，都在禁止之列。這樣做的目的，是為了使日本人無法了解攻擊的結果，動搖他們堅持氣球炸彈作戰的信心。

　　日本人天天都在關注報紙和收音機，在想像著從大洋彼岸傳來捷報時的喜悅情形。從 1944 年 11 月初作戰開始，日本人從放飛氣球的一開始就著手收集美國新聞媒體的反應，《舊金山觀察家報》的報導使他們欣喜若狂，拍手叫好，大本營也對這次「赫赫戰功」給予表彰。然而，自此之後，美國方面音訊全無，日本人陷入困惑之中，但已有的慣性驅使他們把作戰繼續下去。然而，一天、兩天、一個星期、兩個星期過去了，什麼消息都沒有。日本人著急了，放飛氣球炸彈的數量也開始慢慢減少。1945 年 4 月末，「乳白色魔鬼」卻不再

見蹤影,這場罕見的空戰也莫名其妙地結束了,威廉波帶著萬分的慶幸等到了日本投降。原來,日軍大本營在1945年4月末,下達了取消了「飛象」計畫的命令。他們的判斷是:「氣球炸彈的作戰未收到明顯的效果,軍部甚至懷疑有沒有氣球炸彈飛到美國。倘若美國人受到打擊,在一個崇尚民主,新聞自由的國家,怎麼能在這麼長的時間裡保持沉默呢?再繼續下去,只能對已經極度緊張的戰爭資源造成巨大的浪費。」荒川秀俊還遭到軍方指揮官們的諷刺和非難。

　　直到戰爭結束時,日本人仍然不知道他們的祕密武器到底歸宿何處,其餘的未放飛的氣球還靜靜地躺在電影院和相撲館裡。日本人煞費心機的「氣球炸彈」計畫就這樣帶著眾多遺憾流產了。

　　「飛象」計畫極具創意,用極其廉價的材料和最不熟練的勞動力製造出洲際攻擊武器,使人不得不佩服日本科學家的想像力。「飛象」計畫之所以未能達成目的,在於時機選擇錯誤。「飛象」攻擊持續的半年,恰巧是美國的冬季和雨季,這時候爆炸的燃燒彈不可能引起大範圍森林火災。如果攻擊選擇在旱季,攻擊將不可避免地引發多處森林大火。另外,由於害怕美國的報復,日本軍方一直未敢採用生物武器。

　　「飛象」計畫一共製造了 10,000 個氣球,放飛了 9,300 個。推測有 1,000 個氣球抵達美洲上空,大部分炸彈投在人跡罕見的地方,有被記錄的只有 285 起。涉及北至阿拉斯加,

瘋狂的「飛象」——異想天開的氣球炸彈

南到墨西哥的廣大地域。大部分落在美國西北部的沿岸地區。除了製造了不少森林大火、炸死幾個平民之外,這些氣球卻沒有對美國構成大的打擊,自然也改變不了二戰的戰局。

1945年8月,日本宣布投降。鑒於荒川秀俊在二戰中的罪行,1946年,遠東軍事法庭把他他列入戰犯名單,押上了審判臺。審判官們認為,荒川秀俊在二次大戰中的破壞作用,遠遠勝於一支凶悍的作戰部隊,罪責難逃。此時,荒川秀俊終於知道了氣球炸彈的巨大「功績」,但已無法向日本軍方炫耀了。法庭最後判決:「鑒於荒川秀俊的罪惡,茲判定荒川7年監禁。」

當審判官說到氣球炸彈的破壞勝過凶悍的作戰部隊,威廉波也證實了它的巨大危害時,荒川先是驚訝,後恢復了平靜,說道:「我們在6個多月的時間裡共放出了9,000個氣球炸彈,很遺憾沒能把它進行下去!」威廉波反唇相譏:「荒川先生如果再多放9,000個氣球,你的刑期也會隨之增加一倍!」

文學作品中的諸葛亮借「東風」成為有功之臣,而荒川秀俊借西風卻成為千古罪人。科技是把雙刃劍,既可為人類謀福祉,也可致人類於死地。再聰明的人,再高明的想法,只有為正義服務,才能得到人們的讚譽。一旦為不義幫凶,只會對人類造成更大的危害。

呼風喚雨的「魔法」
── 神奇的氣象武器

呼風喚雨的「魔法」——神奇的氣象武器

當今的世界，最有效、最隱祕的武器已經不是原子彈、氫彈、導彈了，而是鮮為人知的「氣象武器」，它可以人為地定向製造地球上所有的「自然災害」：地震、海嘯、水災、旱災、雪災、冰災、颶風、閃電、熱浪風暴……「氣象武器」威力極大，毀滅性極強！而受害國到死還不知道災難來自何方！

要風得風，要雨得雨

　　二戰期間，納粹德國軍方為了保護重要工業基地和軍事設施，採納氣象專家的建議，在義大利伏爾特河岸地區播灑大量造霧劑，製造出漫天濃霧，使英法盟軍的戰機無法靠近這一地區。還是在這裡，1943 年，美軍利用人工造霧的方法，製造了一條長 5 公里、高 1.6 公里的霧層。濃霧為美軍的行動創造了良好的掩護，使美軍得以順利渡河作戰。

　　1966 年，美國「麥金利氣候實驗室」開發的影響天氣的武器，開始用於越戰。其行動代號為「波普艾計畫」。整個越戰期間，美軍共出動 2.6 萬架次飛機，在越南上空投放了 474 萬枚降雨催化彈，向雲層裡傾瀉成噸的碘化銀，實施大規模人工降雨，使得雨季延長，造成越南部分地區洪水氾濫，大量橋梁、水壩、道路及村莊被沖毀。最重要的是，洪水使北越軍隊的補給路線──「胡志明小徑」變得泥濘不堪，嚴重影響了北越軍隊的作戰行動。據統計，美軍人工降雨對越南造成的損失，遠比整個越戰期間飛機轟炸所造成的損失更大。

　　1970 年，美蘇兩國在古巴展開了「乾旱之戰」。當年，美國科學家發現，在某地實施人工降雨，會造成周圍地區雨量減少。美軍利用這個發現，研製出了「乾旱武器」。美軍在古巴周邊國家多次實施人工降雨，使這些國家發生洪災；而臨

呼風喚雨的「魔法」─神奇的氣象武器

近的古巴卻出現了反常的持續性乾旱。後來，蘇聯多次派遣專家到古巴進行人工降雨，才幫助古巴克服了乾旱。

1977 年，美軍又為氣象戰的專項研究投入了 280 萬美元。此外，專項資金和祕密資金從未間斷。這期間，美國的氣象研究研究進展神速，由於其機密性，效果一直不為外人所知。儘管聯合國在這一年通過了禁止將人工影響天氣的技術用於軍事領域的法案，但一些國家的氣象武器研究從未停止。相比之下，各方在禁止氣象武器的研究及使用方面的努力，卻毫無進展。

1999 年，北約對南聯盟進行轟炸。據貝爾格勒《政治》報報導，4 月 5 日傍晚，南聯盟尼斯市上空籠罩著厚厚的雲團，人們等待著一場大雨的降臨。突然間，一架北約飛機飛過，緊接著天空開始變得晴朗，雲層消失，太陽出來了。幾小時後，尼斯便遭到了轟炸。在此之後，同樣的現象在南聯盟其他城市相繼上演。

氣象武器主要是指能夠控制氣象的武器和技術，它可以製造人為的自然災害，改造氣象環境，以達成軍事目的。關於氣象武器研究，美國前總統艾森豪曾明確指出：「氣象控制比原子彈還重要。」

人造的「自然災害」可以有

半個多世紀以來，美國從未停止對氣象戰的研究。美國一直在致力於研究開發威力極大、用途極廣、隱蔽性極強、不戰而屈人之兵、不戰而屈人之國的「超級氣象武器」。雖然美國沒有承認對「氣象武器」的研究，但是許多跡象表明這的確是真實的。

1994年6月，氣象專家伯納德·伊斯特蘭（Bernard Eastlund）任職的「大西洋里克菲爾德公司」，將公司所有的專利技術及合約，轉賣給了一家名為「E-系統」的神祕公司。沒有人清楚「E-系統」的真正背景，人們只知道，這家公司專門與美國中央情報局、國防情報局做生意，年合約額高達18億美元。

「E-系統」立即對伊斯特蘭委以重任，讓他全面主導「高頻主動式極光研究計畫」（HAARP）。伊斯特蘭全面負責的HAARP試驗基地，位於在北太平洋阿拉斯加半島的加科納，占地33英畝。一夜之間，在阿拉斯加半島一望無際的荒原上，180根直插雲霄的天線突然樹起，每根都有十幾公尺高。這就是伊斯特蘭一手推動的HAARP計畫。計畫的基建工程於2002年前後完成，2003年起正式展開各種實驗。

這個主打著「和平研究」的計畫，實際上卻是人類有史以

呼風喚雨的「魔法」──神奇的氣象武器

來最危險、最瘋狂的武器研發計畫之一,而且得到了美國空軍和海軍的大力資助。HAARP 的原理是:利用大功率高頻波,使得特定區域上空的電離層變熱,進而改變某區域電離層的結構,最終人為操控某特定地區的天氣,製造符合美國全球策略所需要的特定氣候條件和「自然災害」。

伊斯特蘭和美國軍方對 HAARP 計畫諱莫如深。起先,伊斯特蘭公開辯解說,該計畫案的最終目的是修補臭氧層的破洞。但後來,他又改稱是為了改善無線電技術,探索新的核潛艇通訊方式。

然而,在伊斯特蘭向五角大廈提交的祕密報告中,HAARP 的軍事用途卻是:除了可以為美軍潛艇提供先進、便捷的通訊系統外,還可偵察敵人的地下核試驗情況、追蹤超低空飛行的巡航飛彈及敵方戰機,甚至還可利用高頻波摧毀敵人的通訊系統⋯⋯

伊斯特蘭特意強調:「它能改變特定區域的氣象,使敵人面臨極其惡劣的氣象條件,甚至可以使敵人無法採取任何反擊行動!」

「教父」的構想

2005 年，伊斯特蘭親率 HAARP 專案的科學家，在五角大廈內為將軍們進行了一次模擬演習。時間設定在 2030 年，地點為南美洲 X 國。該國擁有數百架各型號戰機，其中包括數十架俄羅斯和中國研製的最先進戰機。X 國準備對美國的策略目標下手，美軍決定實施先發制人的打擊。隨後，五角大廈一聲令下，無人駕駛的空中飛行器在 X 國上空製造出漫天烏雲。緊接著，該國軍事基地上空下起了暴雨。與此同時，美軍利用雷射製造閃電，致使敵方戰機的機電系統徹底燒毀，根本無法起飛。就在 X 國軍方望天興嘆之時，一架架美軍轟炸機攜帶著炸彈起飛了……

演習結束後，伊斯特蘭和 7 名軍官，向五角大廈提交了一份題為〈作為力量倍增器的天氣：2025 年呼風喚雨〉的研究報告。伊斯特蘭在報告中指出：「氣象戰技術將在今後 30 年間逐漸成熟。它將使美軍擁有改變氣候的能力。屆時，美軍將能透過實施人工降雨，使敵軍陣地洪水肆虐；製造乾旱，使敵人淡水匱乏；製造颶風，使敵國城市變成廢墟；利用雷射製造閃電，以擊落空中的敵機或使其無法起飛；利用微波把熱量傳到大氣中，干擾敵軍的通訊及雷達系統……」

看著這份報告，五角大廈的將軍們為伊斯特蘭取了個綽號──「氣象戰教父」。

呼風喚雨的「魔法」—神奇的氣象武器

氣象上的發言權

雖然五角大廈採取了種種防護措施，嚴防伊斯特蘭的計畫被洩漏出去，但最終還是被一位美國參議員的兒子挖到了真相。他在震驚之餘，決定將其曝光。美國的神祕研究這才暴露在世人面前，不過他只是揭開了冰山一角，因為他所掌握的情報也確實有限。

對新用途的「氣象武器」的曝光，軍事觀察家指出，如果HAARP用於軍事，將對人類的安全構成極大的威脅，並將導致新一輪的全球軍備競賽。它將嚴重影響生態環境的平衡，對地球的物理狀態、地質和生物造成無法彌補和難以修復的破壞，最終導致地球的毀滅。

有專家指出，截至目前，人類對影響、改變天氣的技術的研究還很有限，冒然啟用氣象武器，不僅打擊不了敵人，反倒可能帶來一場全球性的災難。比如，人造酸雨、人造臭氧層破洞等，對環境的破壞是人類遠遠無法控制的災難性後果。

事實上，由於氣象條件對戰爭有著重要的影響，二戰以後，西方強國對「人工影響氣象」的研究始終是圍繞著軍事用途展開的。誰也不想在「氣象武器」的研製上被甩在隊伍的最後方。

據透露，英國在其西海岸部署了一系列電極設備，透過向大氣層輸入電能，產生一個密度可變的靜電封鎖層。只要調節封鎖層的密度，就可控制半徑 5,000 公里範圍內的氣候變化。

德國在氣象戰方面的研究起步更早。二戰期間，納粹統治下的德國，曾在義大利進行「人工降霧」，以防盟國的襲擊。戰後，德國在「人工控制氣象」研究上進展迅速。儘管這些研究成果名為「民用」，但實際上，只要有需要，德國軍方可隨時將其轉為軍用。

呼風喚雨的「魔法」──神奇的氣象武器

「發高燒」的莫斯科

2010年，肆虐俄羅斯中部地區的大火越發嚴重，俄總統梅德韋傑夫（Dmitriy Medvedev）命令國防部派兵參與滅火行動，但實際上，參與滅火的俄軍也在此次大火中受創甚深。有一些俄羅斯媒體羅列了導致火災的眾多反常氣候現象，甚至猜測這場災害是美國的氣象武器在搞鬼。

據俄羅斯《共青團真理報》（*Komsomolskaya Pravda*）報導，2010年8月6日報導，俄羅斯空降兵第3370基地的部分設施與資料在大火中遭到焚毀。據稱，該基地根本沒有劃定防火區，滅火設備也準備不足。俄羅斯檢察機關已介入調查，宣布將嚴懲責任人，但是似乎並沒有找到「縱火」的責任者。大火還逼近了俄羅斯著名的核工業城薩羅夫市，那裡的核能設施受到威脅，俄羅斯政府緊急向該市派遣了滅火團隊。

一處被稱為「俄總參謀部的耳朵」的聯絡中心也在大火中遭到焚毀。據《共青團真理報》的消息，該機構是俄軍的重要策略設施，俄總參謀部隨時從這個聯絡中心獲取衛星傳回的消息以及各軍區的重要軍情。如果這個中心停止運轉，俄總參就將暫時「失聰」。然而在這場大火中，它偏偏被焚毀。難怪梅德韋傑夫在得知此事後指責道：「我簽署命令讓軍隊幫助滅火，但軍隊反倒自身難保。」而在早前的7月29日，莫

斯科郊外的一處海軍基地也在一場突如其來的大火中損失了200架戰鬥機和直升機,基地的負責人因此丟掉了烏紗帽。

顯然,這兩場大火隊俄羅斯軍事帶來的損失是災難性的。問題在於,它僅僅是一場「天災」嗎?許多俄羅斯人不願輕易接受這樣的結論,不止一家媒體拋出「美國氣象武器作怪」的說法。

比如,俄羅斯《自由媒體》報請來的一位氣象專家就認為美國不久前發射的 X-37B 空天飛機,與此次高溫災害有關,因為研究顯示,在近地軌道發射雷射可以影響氣候,而 X-37B 正是一種可以攜帶高功率雷射武器的近地軌道飛行器。美國官方稱,該機將在太空中飛行 270 天。這位專家認為,不排除美國將俄羅斯作為這種新式武器試驗對象的可能性。

讓俄氣象專家們感到疑惑的事實遠不止這一個。就在莫斯科氣溫創紀錄地達到攝氏 35 至 36 度時,柏林的氣溫為攝氏 18 度,華沙為攝氏 25 度,而維也納和巴黎的氣溫均為攝氏 20 度。也就是說,在歐洲各大城市的氣溫排行中,唯獨莫斯科「發高燒」。

除此之外,此次高溫是反氣旋引起的,它將來自地中海和中亞地區的高熱氣流集中到俄羅斯歐洲部分,這種現象在該地區是從未有過的。還有一點引起了專家們的注意:在高溫肆虐的同時,受災地區上空能吸收紫外線的大氣層分層 —— 增溫層突然變得稀薄,導致紫外線過量。

呼風喚雨的「魔法」—神奇的氣象武器

　　這兩次不同尋常的大火在讓大眾關注俄軍和平時期管理漏洞的同時，也確實提醒人們，絕不能對氣象武器掉以輕心。但是，由於沒有確切的證據顯示這兩場火災與氣象武器有關，俄羅斯方面對此未做公開評價。但也表示，如果真的是受到他國的氣象武器的攻擊，將會用另外的手段狠狠地回擊對方。

不懂氣象就是個「瞎子」

在現代化作戰中，事實證明，越是尖端、敏感度極高的武器裝備系統，越容易受到各種環境因素的制約。如伊拉克戰爭期間，沙塵暴使上百架美軍武裝直升機不得不提前返航，經查，僅有 7 架可以繼續作戰。

對那些精確制導武器來說，氣象環境也是致命殺手，如高強度雷射穿過 1 公里厚的沙塵大氣，其能量將減弱 90% 以上，在有雨的情況下，雷射傳輸 5 公里後，能量僅剩 1.8%。一臺作用距離為 800 公尺的主動紅外夜視儀在星光條件下，作用距離可達 600 公尺，而在烏雲密布、多霧、星光黯淡的條件下，其作用距離就降為 10 公尺了，簡直成了一個「瞎子」。

沒有哪個國家公開承認自己有改變地球大區域範圍的氣象武器，但是，這不代表他們沒有從事這方面的研究。如果我們揭露「氣象武器」的冰山一角，就足以讓人們留下深刻的印象。目前，從世界各國氣象武器發展趨勢來看，影響小區域的氣象研究「碩果」還是有目共睹的：

在溫壓方面形成了以溫壓炸彈、寒冷武器、高溫武器、熱壓氣霧武器為首的「四火龍」；

在雷電類方面形成了以人工控制雷電、太陽武器、無辜閃電武器為主的「三隻虎」；

呼風喚雨的「魔法」─神奇的氣象武器

在雲霧方面形成了以雲霧砲彈、人工消雲、消霧武器為優的「三劍客」；

在環境方面形成了以人造海幕武器、人造洪瀑、人造乾旱、人工引導颱風、人造臭氧空洞、人造地震為首的「六大金剛」；

在防護方面形成了以氣象偽裝、氣象清障、氣象侵襲、氣象干擾為武的「四巨禽」；

在海洋方面形成了以化學雨武器、海嘯風暴武器、巨浪武器、氾濫武器為能的「四猛虎」等等。

接下來，我們挑選了一些這類「氣象武器」進行介紹。

溫壓炸彈：美國國防部為了降低防務威脅局面，在2002年10月聯合海軍、空軍、能源部和工業界專家，利用兩個月時間突擊研製的，並成功應用於阿富汗戰場。溫壓炸彈爆炸時能產生持續的高溫、高壓，並大量消耗目標周圍空氣中的氧氣，打擊洞穴和坑道目標效果顯著。除了用溫壓炸彈打擊洞穴、坑道和掩體等狹窄空間目標外，美國海軍陸戰隊還計劃利用行動式溫壓炸彈打擊城市設施，包括建築物和溝道等。

製寒武器：美軍曾在距地面17公里的高空試驗引爆一顆甲烷或二氧化碳砲彈等製寒武器，爆炸後的砲彈碎片遮蔽太陽，天氣驟然變得異常寒冷，這足以將熱帶叢林中的敵人活活凍死。

高溫武器:透過發射雷射砲彈,使沙漠升溫,空氣上升,產生人造旋風,使敵人坦克在沙暴中無法行駛,最終不戰自敗;其鋼製彈殼內裝有易燃易爆的化學燃料,採用高分子聚合物粒狀粉末,以便提高武器系統的威力和安全性;爆炸發生時會產生超壓、高溫等綜合殺傷和破壞效應。這種砲彈既可用殲擊機、直升機、火箭炮、大口徑管炮、近程飛彈等投射,打擊戰役戰術目標,又可用中遠程彈道飛彈、巡航飛彈、遠程作戰飛機投射,打擊策略目標。

熱壓氣霧武器:2009 年底,英軍正研製一種利用熱浪、壓力和氣霧打擊目標的精確打擊武器。這種武器運用的是先進的油氣彈原理。這種武器在撞擊後彈體燃料會馬上被點燃,從而產生大量的濃霧爆炸雲團,利用熱霧和壓力摧毀建築物內的目標,並且能夠殺傷很大範圍的敵人,在目標區域內的敵人很快會被壓力壓死、被氣霧憋死。

雲霧砲彈:這種砲彈又叫燃料空氣炸藥砲彈,通常使用環氧乙烷、氧化丙烯等液體炸藥,將其裝填在砲彈內,透過火箭炮或迫擊炮發射到目標上空。第一代雲霧砲彈屬於子母型,即在母砲彈內裝 3 枚子砲彈。每枚子砲彈裝填數十公斤燃料空氣炸藥,並配有引信、雷管和伸展式探針感測器等。當母砲彈發射擊到目標上空後,經過 1～10 秒鐘的時間,引信引爆母砲彈,釋放出掛有阻力傘的子砲彈,並緩緩地接近目標。在探針感測器的作用下,子砲彈在目標上空預先設定

呼風喚雨的「魔法」──神奇的氣象武器

的高度進行第一次引爆,將液體炸藥混合,形成直徑約 15 公尺、高約 2.4 公尺的雲霧,覆蓋附近的地面,經過 0.1 秒,子砲彈進行第二次引爆,使雲霧發生大爆炸。目前,雲霧砲彈已經發展到第三代,其效能又大幅提升,使用的範圍也更加廣泛。

人工消雲、消霧:是指採用加熱、降溫或播撒催化劑等方法,消除作戰空域中的濃霧,以提升和改善空氣中的能見度,保證己方目視觀察、飛機起飛、著陸和艦艇航行等作戰行動的安全。在第二次世界大戰中,英軍曾使用一種名為「斐多」的加熱消霧裝置,成功地保障了 2,500 架次的飛機在大霧中安全著陸。1968 年,美軍為保障空軍飛機安全著陸,曾使用過人工消霧武器。

人工控制雷電:是指透過人工引雷、消雷的方法,使雲中電荷中和、轉移或提前釋放,控制雷電的產生,以確保空中和地面軍事行動的安全。人工控制雷電的方法有:利用對帶電雲團播撒冰核,改變雲體的動力學和微物理學過程,以影響雷電放電;採用播撒金屬箔以增加雲中電導率,使雲中電場維持在雷電所需臨界強度以下抑制雷電;人為觸發雷電放電,使雲體一小部分在限定的時間內放電。

太陽武器:這是一種利用太陽光來消滅敵方的武器。事實上利用太陽光作為武器的做法,早被數學家阿基米德(Archimedes）使用過。1994 年，俄羅斯衛星曾在軌道上設置了一面鏡片，鏡片的反射光在夜間擦過地球，這說明目前的技術已經能夠在 4 萬公尺高空集中鏡面反射光。據計算，聚集的熱源中心溫度可達數千度，可以毀滅地球上的一切。這種武器也很有可能出現在新世紀的戰爭中。

　　化學雨武器：從早期的氣象武器演變過來的一種新型武器，在海戰中的作戰效果尤為明顯。它主要由碘化銀、乾冰、食鹽等能使雲層形成水滴，造成連續降雨的化學物質和能夠造成人員傷亡或使武器裝備加速老化的化學物質組成。該武器分為兩大類，一類是永久性的，一類是暫時性的。永久性的化學雨武器主要用隱形飛機或其他無人飛行器運載，偷偷飛臨敵國上空撒布，使敵軍武器加速腐蝕，進而喪失作戰能力；而暫時性的化學雨武器主要是使敵部隊瞬間喪失反擊能力，它由高腐蝕性、高毒性、高酸性的物質等組成。

　　海嘯風暴：提起海嘯，人們無不為之膽顫心驚、毛骨悚然。自然界中，海嘯是由風暴和地震所引起的。據有關資料記載，1965 年夏天，美國在比基尼島上進行的核試驗引發了軍事科學家們對研製海嘯武器的濃厚興趣。那次核爆炸中，在距爆炸中心 500 公尺的海域突然掀起 60 公尺高的海浪，海浪在離開爆炸中心 1,500 公尺之後，高度仍在 15 公尺以上。這一試驗表明，未來的海嘯武器如運用於海戰，將會產生不可估量的作用。

呼風喚雨的「魔法」—神奇的氣象武器

　　巨浪：對於軍艦和海洋設施以及登陸作戰來說，風浪是一種不容小覷的重要因素，巨大的風浪常常導致艦毀人亡，軍事設施毀壞。因此，利用風浪和海洋內部聚合能使大洋表層和深層產生海洋潛潮，從而造成敵海軍艦艇、水下潛艇以及其他軍事設施的傾顛和人員死亡。軍事科學家認為，巨浪武器還可用於封鎖海岸線，達到遏制敵軍艦出海進攻之目的。不過，到目前為止，真正引起巨浪的方法還未真正問世，只是引發了一些小浪級的浪濤，這也算得上是巨浪武器運用成功的前兆。

殺人於無形的武器

　　正如外軍專家所論，目前世界氣象武器的發展已呈現出系統化、多元化、隱匿化和精確定量化新態勢。這些武器來無影、去無蹤、威力大，一旦發展失衡或大規模應用，將可能為人類帶來嚴重的生態災難。現代戰爭無需一槍一彈，無需飛機軍艦，無需原子彈！只需用氣象武器就可以置一個地區、一個國家於悄無聲息的持續生病狀態中！

呼風喚雨的「魔法」—神奇的氣象武器

北極航道上的賽局
── 暖化帶來的新戰場

北極航道上的賽局—暖化帶來的新戰場

2015 年 5 月,一則「中泰就開鑿克拉運河專案簽署協定」的傳聞掀起世界輿論,但隨後中泰兩國官員均出面否認。近幾年來,媒體頻繁炒作「克拉運河」開鑿的消息,到最後都被證實是捕風捉影。所謂「克拉運河」是指從泰國克拉地峽區域,挖掘一條溝通太平洋的泰國灣與印度洋的安達曼海的運河,有「東方巴拿馬運河」之稱。早在 17 世紀,泰國就有開鑿這條運河的構想,約 100 年前,由泰王拉瑪五世正式提出,但是因工程成本過高,以及爆發兩場世界大戰,該計畫始終未能實現。無獨有偶,一年前的 2014 年中旬,也傳出了中國企業承建的「尼加拉瓜運河」開工的消息。「尼加拉瓜運河」又被稱為「第二巴拿馬運河」,這項褒貶不一的巨大工程也引起了世界輿論的強烈反響。

人們為何如此關注這兩條運河「開鑿」的消息呢?實際上,人們關注的是「國際通道競賽」。今天的世界經濟高度的全球化,全球貿易有約 90% 是透過海運進行。美國海軍曾經開列的 16 條海上重要通道,其中 7 條在大西洋,2 條在太平洋,2 條在印度洋,2 條在地中海。16 條海上重要通道連結五大洲,溝通四大洋,不僅是世界海上交通和全球貿易的紐帶,也是海軍行動的重要航道和戰略要地。

有六條被稱為「六把鑰匙」的最關鍵的海上運輸通道,決定著全世界的能源運輸,它們是巴拿馬運河、直布羅陀海峽、蘇伊士運河、荷姆茲海峽、曼德海峽和麻六甲海峽。

隨著全球暖化的趨勢日益明顯，或許將很快出現「第七把鑰匙」——「北極航道」，如果它真的出現了，不僅開鑿「克拉運河」、「尼加拉瓜運河」將成為事倍功半的「麻煩」，甚至都顯得沒有必要，世界政治經濟格局也將產生顛覆性的變化。我們的話題，先從日益變暖的北極說起。

北極航道上的賽局──暖化帶來的新戰場

「無冰洋」可能帶來的全球鉅變

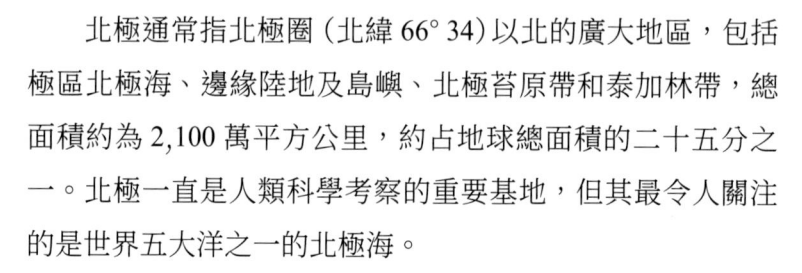

北極通常指北極圈（北緯 66° 34）以北的廣大地區，包括極區北極海、邊緣陸地及島嶼、北極苔原帶和泰加林帶，總面積約為 2,100 萬平方公里，約占地球總面積的二十五分之一。北極一直是人類科學考察的重要基地，但其最令人關注的是世界五大洋之一的北極海。

隨著全球日趨變暖，冰天雪地的北極海正在和我們告別。作為氣候變化最為敏感的區域，近百年北極地區的平均升溫幅度是全球的兩倍。2012 年 8 月 27 日，美國科學家宣布，北極海海冰面積已下降至 410 萬平方公里，創下 30 多年衛星觀測史上的最低值，比 1979 年至 2000 年的最低均值減少了 247 萬平方公里，縮小的面積相當於英國的 10 倍。「令人難以置信。面對這樣的事實，讓我不寒而慄。」美國羅格斯大學一名研究員說。英國《每日電訊報》(The Daily Telegraph)說，這是表明全球氣候暖化的「強烈訊號」。研究員麥可‧邁說，這一資料表明，北極海未來「無冰」現象，並非是杞人憂天。

北極海位於地球最北端，面積不足 1,500 萬平方公里，不到太平洋的 10%，是全球四大洋中面積最小的一個。由於位置的緣故，北極海也是四大洋中最冷的，在寒冷的季節，

其冰層覆蓋面積超過 1,000 萬平方公里。

瑞典科學家認為，2,000 萬年前，北極海最多只能算是一個巨大的淡水湖，湖水通過一條狹窄的通路流入大西洋。然後在 1,820 萬年前，由於地球板塊的運動，狹窄的通道漸漸變成較寬的海峽，大西洋的海水開始流進北極圈，慢慢形成了今天的北極海。從 1,820 萬年前開始，連接北極海和大西洋的費爾姆海峽開始變寬，隨著費爾姆海峽的擴張，海水開始湧入北極海，最後，北極海的淡水全換成了海水，在海底開始出現氧化鐵、氧化錳以及海洋生物。

1970 年代，美國開始對北極海進行衛星觀測。科學家最先發現的是面積的變化，從 1979 年到 2006 年，一年的每個月分海冰覆蓋的面積都呈現出下降趨勢。其中最明顯的是在 9 月分，大概平均十年下降 9%，或者說平均每年減少 10 萬平方公里。

面對北極海驚人的融冰速度，科學家倍感焦慮。美國《紐約時報》(*The New York Times*) 預測，北極海夏季海冰將在 2020 年前徹底消失，成為一片「無冰洋」；也有人預測，到 2100 年，厚度為 2～3 公尺的多年生北極海冰將會消失。

北極海冰不但對全球氣候系統極為重要，它的變化除了會對北極圈地區直接造成影響，更可以透過各種複雜的物理作用，對天氣與氣候產生更大的影響。對北極圈地區而言，

北極海冰面積減少的最大影響是更多的降雪和更強的風暴。強風將導致海浪對沿岸的侵蝕，而氣溫回暖所引發的永凍土解凍也會使原有的樹木、植被以及建築物甚至村莊塌陷。

北極海冰融化肯定會對全球氣候產生影響，一方面是兩者之間的相互作用：極地海冰覆蓋面積越小，地球表面對太陽輻射的反射就越少，吸收的熱量越多，氣候就會變得越暖，從而會使得海冰的消融加速；另一方面，海冰對海洋大氣間熱能交換有抑制作用，海冰的減少會使得太陽輻射直接進入海水，有利於海水吸收熱能，加劇海洋和大氣間的熱能交換；此外，海冰生消所產生的潛熱變化也很大。所以說，海冰面積的變化對氣候的影響十分重要，對北極以外地區的天氣和氣候也會有影響。

科學家普遍認為，人類活動導致氣候變暖，是北極海冰融化的罪魁禍首。近幾年來，石油和天然氣等燃料的廣泛使用，導致溫室氣體排放大幅增加。

美國國家航空暨太空總署（NASA）公布資料說，格陵蘭島冰川大面積融化，島上海拔最高且氣溫最低的薩米特站也顯現出融化跡象，這一反常現象讓科學家驚訝。冰芯紀錄顯示，這種冰原大面積融化大約每 150 年出現一次，上一次出現是在西元 1889 年。

由於格陵蘭島冰川屬於陸上冰，如果全部融化，將導致

地球海平面上升。而北極海的冰屬於海冰，通常由海水凍結而成，如果融化，並不會直接導致海平面的上升，但依然會造成北極地區的生態災難。

英國廣播公司 BBC 說，北極海冰是明亮的反射體，它能將該地區 80% 的陽光反射回太空，在一定程度上減緩太陽對地球的「加熱」作用。一旦北極海冰融化，上千萬平方公里的北極海將吸收北極地區 90% 的陽光，從而加速該地區暖化。

北極的凍土和溼地存了大量的碳，北極氣候變暖，凍土將會日益融化，並以驚人速度向大氣中釋放二氧化碳和甲烷。世界自然基金會說，這可能會造成大規模的洪水氾濫。

一說起北極，多數人會聯想到一望無際的茫茫冰原和極度寒冷的惡劣天氣。然而，隨著全球氣候暖化以及北極冰川逐漸消融，北極正向世人展現其另一面，那就是豐富的自然資源以及重要的地緣戰略價值。

北極地區蘊藏著豐富的資源，潛藏著巨大的經濟價值。美國地質調查局在 2008 年發表的報告中稱，在全世界尚未發現的石油和天然氣儲量中，20% 和 30% 埋藏在北極圈。俄羅斯自然資源與環境保護部推測，僅俄羅斯所屬北極海大陸架就蘊藏著約 1,000 億噸油氣資源。

除化石燃料外，北極地區還有富饒的漁業資源、林業資源以及鎳、鉛、鋅、銅、鈷、金、銀、金剛石等礦產資源。

北極航道上的賽局──暖化帶來的新戰場

據推測，北極地區煤炭儲量高達 1 兆噸，占全球煤炭儲量四分之一。北極漁業資源也相當豐富，這裡是地球上尚未大規模商業捕撈的少數海域之一。北極被厚厚的冰川覆蓋，這裡豐富的淡水資源對水資源日益匱乏的人類來說，價值更是不言而喻。

除北極圈內的國家外，全球許多國家都已開始從政治、外交、經濟，乃至軍事等各個方面加入了這場利益爭奪戰。北極海冰的多少已經不簡單是一個氣候變化問題，它將成為全球的新焦點。

全球暖化的「意外收穫」

　　縱觀歷史，重要的航線與運河的開通，如巴拿馬運河和蘇伊士運河，都會對世界航運網路格局的演變產生重要影響。作為未來的重要航線的北極航道，勢必也對未來的世界航運網路格局有著重要影響。

　　翻開北極地圖，呈現在眼前的很多地名都是以探險家命名的，如白令海、巴倫支海、哈得遜灣等。16世紀以來，在哥倫布發現新大陸後的幾百年間，數以千計的探險家進入北極地區，他們與酷寒、黑夜、飢餓和壞血病做艱苦卓絕的抗爭，大多數鎩羽而歸，有的甚至長眠極地。西元1553年，英國航海家威洛比（Hugh Willoughby）率領115名船員，駕駛三艘船舶，首次探尋北極東北航道，不幸沒能駛出北極海的冰天雪地。探險家們前仆後繼、英勇無畏奔赴北極的動力，就是要尋找一條通往富庶東方的海上捷徑，以取代繞過非洲好望角前往東方的漫長航線。16世紀至19世紀，數以百計的航海家為了探索這條航道而葬身冰海，直到19世紀中葉，航海家才分段走過這條航道。由於自然條件限制，北極航道探險雖興盛一時，終因不具備商業航運價值而沉寂。

　　北極航道的東北航道是北歐、東歐及西港地區連接東亞的最短航線，被航海界稱為連接亞歐的「黃金水道」。隨著

北極航道上的賽局──暖化帶來的新戰場

全球氣候變暖，北極海冰加速融化，一些科學家預測，在未來 30 年內北極海將出現夏季無冰年，北極海「黃金水道」開通成為可能。北極航道的打通對整個世界海洋運輸格局的影響、北極海區域蘊藏的豐富資源以及隨之帶來的巨大商業利益，吸引了世界的關注。

所謂的北極航道由加拿大沿岸的西北航道和西伯利亞沿岸的東北航道（又稱北方航道）組成。西北航道東起戴維斯海峽和巴芬灣，向西穿過加拿大北極群島水域，到達美國阿拉斯加北面，連接大西洋和太平洋。而東北航道西起西歐和北歐港口，經西伯利亞以及北極海鄰海，繞過白令海峽到達中、日、韓等國港口。這條被稱作「傳說中的航道」，在一年中大多數時候結著厚厚的冰層，除了俄羅斯潛艇和破冰船，不可能有商船在這一帶航行。但由於近年來全球氣候暖化，北極冰川融解加劇，東北航道越發具備在夏季通行商船的能力：2009 年 7 月，兩艘德國貨船在韓國裝貨出發，北上穿過了北方航道，並最終抵達目的地：荷蘭鹿特丹。

目前所指的北極航道主要是「東北航道」和「西北航道」。NASA 的衛星照片顯示，至少以來 12.5 萬年以來，西北航道和東北航道第一次同時冰融開通，海冰專家將這些影像形容為「具有歷史意義的事件」，代表人類史上首次可繞過北極展開商業航行，由此引發了新一輪北極航道開發熱潮。

東北航道大部分航段位於俄羅斯北部沿海的北極海離岸海域。從北歐出發，向東穿過北極海、巴倫支海、喀拉海、拉普捷夫海、新西伯利亞海和楚科奇海五大海域，直到白令海峽。在東北航道上，連接五大海域的海峽多達 58 個，其中最主要的有 10 個，自東向西依次是：尤戈爾海峽、卡拉海峽、馬托奇金海峽、維利基斯基海峽、紹卡利斯基海峽、紅軍海峽、揚斯克海峽、德米特里‧拉普捷夫海峽、桑尼科夫海峽、德朗海峽。

西北航道大部分航段位於加拿大北極群島水域，以白令海峽為起點，向東沿美國阿拉斯加北部離岸海域，穿過加拿大北極群島，直到戴維斯海峽。這條航線在波弗特海進入加拿大北極群島時，分成兩條主要支線，一條穿過阿蒙森灣、多芬聯合海峽、維多利亞海峽到蘭卡斯特海峽；一條穿過麥克盧爾海峽、梅爾維爾子爵海峽、巴羅海峽到蘭卡斯特海峽。

由於天氣的關係，「東北航道」只有在夏季的幾個星期裡可開放航行。與「南方航道」相比，此路徑大大縮短航程，可省下大筆開支和時間。比如，從日本橫濱前往鹿特丹，從「東北航道」走比從過蘇伊士運河的「南方航道」走，縮短了 7,149 公里。如「東北航道」與「西北航道」通航，將使上海到鹿特丹、紐約的海運里程縮短約 5,500 多公里。

北極航道上的賽局──暖化帶來的新戰場

此外，北極航道理論上還有一條「中央航道」。這條航線從白令海峽出發，不走俄羅斯或北美沿岸，直接穿過北極海中心區域到達格陵蘭海或挪威海。

位於北極海的西北航道和東北航道是連接亞、歐、美三大洲的潛在最短航線，北極航線在航程等方面與其他航線相比具有較大優勢。目前，在環球海上航行中，只能經由巴拿馬運河或蘇伊士運河來進入太平洋和大西洋，甚至需繞道非洲南部好望角，與這些航線相比，北極航道一旦開通，將大幅縮短航程，帶來巨大的商業利益。從東北亞前往歐洲或北美東岸，取道北極航線比取道蘇伊士運河或巴拿馬運河，可減少 40％ 以上的航程。例如，從德國漢堡到日本橫濱之間的海運距離只有 6,900 英哩，而經由蘇伊士運河則需航行 11,430 英哩。雖然北極航線會遇到海冰問題，但仍可縮短航期，降低成本，並相應減少航運中的能源消耗。再如，日本的貨櫃從橫濱到荷蘭的鹿特丹港，經非洲的好望角需要航行 29 天，若經麻六甲海峽、蘇伊士運河需要 22 天，但如果同樣的船舶通行北極航線，則僅需 15 天就可以到達。

而且，近年，蘇伊士運河、巴拿馬運河等傳統航線已出現擁塞以及恐怖攻擊、海盜等安全隱患，北極航線則沒有這方面的問題。隨著北極夏季冰融的加速，北極航運將省去冰阻導致的航期延遲和破冰成本等額外費用，使通過其的航運省時、省力、省錢。有些國家的航運公司早已摩拳擦掌，等

待駛上這條「黃金航道」，北極的商業航運時代呼之欲出。

　　北極航道開通不僅會直接改變原有的世界海洋運輸格局，還將使北極地區的策略地位整體提升。新航線將帶動沿線經濟發展，催生一些新的聚落，促進現有港口、城市規模成長，航線經過的國家在世界上的地緣政治影響力也將隨之增強。同時，新航線將分散一部分原有航道的貿易貨物，降低原全球航運線的分量和地位，航線所在國的影響和地位也將受影響。北極地區策略地位上升，這種變化將導致世界重心向北方偏移，一定程度上改變世界格局。一旦西北航道和東北航道開通，將成為連接東北亞和西歐，連接北美洲東西海岸的最短航線，不僅可以節約大約 40% 的運輸成本，還可能成為蘇伊士運河、巴拿馬運河、麻六甲海峽的替代選擇。一旦北極航道開通，將形成一個囊括俄羅斯、北美、歐洲、東亞的環北極經濟圈，這將深刻影響世界經濟、貿易和地緣政治格局。

誰的北極？

提起地球的南北極，對世界上大多數人而言，眼前出現的可能都會是那一年四季一望無邊的銀白色冰雪世界。實際上，地球的南北兩極有著巨大的差異。南極是一個不屬於任何國家的大陸，終年被厚達數公里的冰雪所覆蓋，而北極目前有加拿大、美國、俄羅斯、挪威、瑞典和冰島等8個國家聲稱在這個地區擁有部分領土。作為地球上僅存的尚未開發的處女地之一，北極歷來是周邊國家的兵家必爭之地。

目前，世界上還沒有專門關於北極法律地位的國際條約。相關國際法的缺失，使北極國家採取各種手段進行圈地，試圖控制更多的北極領土和海域，以便將來開發那裡的資源。加拿大、俄羅斯、挪威、丹麥、冰島、美國、瑞典和芬蘭北極圈八國試圖利用它們所處的地理優勢，既不願制定新的國際條約來約束自己在北極的行動，也不希望區域外國家染指北極。儘管這些國家圍繞領土、大陸棚存在爭端，面對試圖染指北極的區域外國家它們卻聯手一致對外，企圖將北極變成它們獨享的「領地」。

面對北極豐富的資源，北極周邊國家已經開始大規模開採。北極資源開發存在「非北極國家」與「北極國家」之間的競爭與合作。在北極國家之中，具有地緣優勢的俄羅斯走在

資源開發的前端,俄羅斯已經在開發靠近大陸棚、巴倫支海海域的油氣資源。目前,美國的石油集團與環保團體的爭論激烈,對北極資源開發較慎重,但已經在籌劃北極資源開發。2008年5月,北極沿岸5國——加拿大、丹麥、挪威、俄羅斯、美國召開會議並釋出共同宣言強調,沒有必要制定新的國際法來治理北極海。2011年5月,北極圈加拿大、丹麥、芬蘭、冰島、挪威、瑞典、美國和俄羅斯8國召開北極理事會,強調8國在北極上擁有「特權」,以此排除「非北極國家」參與北極相關事務。

很多人指出,這完全是北極版本的「門羅主義」,北極畢竟不是「北極圈國家」的北極,8國今後不可能實現排斥「非北極國」的意圖,這是因為,首先,北極圈8國分歧嚴重,內部不可能「一致對外」;其次,8國也表示將按《聯合國海洋法公約》處理爭端,而這個國際性條約顯然不僅僅是北極國家之間的事;最後,北極的保護、開發、利用,顯然也離不開「非北極國家」的積極參與。

北極航道還有著一些現實的困擾。與傳統的蘇伊士——麻六甲航線相比,北極航線到底有多少利可圖,各國專家難有統一答案。因為儘管北方航線有誘人的商業前景,但是基礎設施的缺乏加上惡劣的自然環境讓北極航線至少在短期內不具備商業上的可行性。而且,浮冰和危險的冰山迫使船舶只能以更慢的速度航行甚至繞道。此外,北極航道的某些地

北極航道上的賽局—暖化帶來的新戰場

段水位過低尤其是白令海峽，這制約了大型商船的通行。

目前大多數國家的船隻，經由穿越東北航道進入北極海。這些船隻的安全通行證明，東北航道在夏季利用具有可行性。與此同時，俄羅斯對穿越東北航道的船隻採取相對寬鬆的政策，在收費問題、破冰引航和緊急救援服務方面都較為完善。西北航道的地形情況較為複雜，加拿大和美國在航道屬性上也存在爭議，因此目前西北航道的利用還較為薄弱。

幾百年來，厚厚的海冰使北極航道一直不具備商業航運價值而沉寂一時。如今，隨著全球氣候變化與北極海冰加速融化，開通北極航道的夢想已經成真，越來越多的商業船隻積極試行北極航道。

據不完全統計，2011 年夏季，行經東北航道的商船有 30 多艘；2012 年夏季增加一倍，達到 60 多艘。航行時間跨度已從過去的兩三個月延長到五個月（7 月中旬到 12 月上旬）。2012 年 12 月 6 日，一艘運載 LNG（液化天然氣）的船從挪威的亨墨菲斯港出發，穿過東北航道抵達日本的橫濱港，成為最晚通過北極航道的運載船隻。總體上，北極航道作為連接亞歐交通新幹線的雛形已經顯現。

當北極以其豐富的資源和特殊的策略地位吸引越來越多國家關注的時候，這片目前還遍布冰川的地域注定將不再平靜，日益變暖的氣候讓其充滿「硝煙」。

國家圖書館出版品預行編目資料

天氣主導權！老天爺翻臉，歷史就改寫：人類的發展，老天早就參一腳？從大禹治水到拿破崙潰敗，那些被忽略的氣象力量 / 張祥斌 編著. -- 第一版. -- 臺北市：崧燁文化事業有限公司，2025.08
面；　公分
POD 版
ISBN 978-626-416-732-1(平裝)
1.CST: 世界史 2.CST: 氣候 3.CST: 人類發展
711　　　　　　114010980

電子書購買

爽讀 APP

天氣主導權！老天爺翻臉，歷史就改寫：人類的發展，老天早就參一腳？從大禹治水到拿破崙潰敗，那些被忽略的氣象力量

臉書

編　　　著：張祥斌
發 行 人：黃振庭
出　　　版：崧燁文化事業有限公司
發 行 者：崧燁文化事業有限公司
E - m a i l：sonbookservice@gmail.com
粉 絲 頁：https://www.facebook.com/sonbookss/
網　　　址：https://sonbook.net/
地　　　址：台北市中正區重慶南路一段 61 號 8 樓
8F., No.61, Sec. 1, Chongqing S. Rd., Zhongzheng Dist., Taipei City 100, Taiwan
電　　　話：(02) 2370-3310　傳真：(02) 2388-1990
印　　　刷：京峯數位服務有限公司
律師顧問：廣華律師事務所 張珮琦律師

-版權聲明-
本書版權為作者所有授權崧燁文化事業有限公司獨家發行電子書及繁體書繁體字版。
若有其他相關權利及授權需求請與本公司聯繫。
未經書面許可，不得複製、發行。

定　　　價：420 元
發行日期：2025 年 08 月第一版
◎本書以 POD 印製